这就是我们的护国利器

ZHE JIUSHI
WOMEN DE
HUGUO LIQI

《知识就是力量》杂志社 ◎ 编著

U0780017

海峡出版发行集团 | 福建科学技术出版社
THE STRAITS PUBLISHING & DISTRIBUTING GROUP | FUJIAN SCIENCE & TECHNOLOGY PUBLISHING HOUSE

图书在版编目（CIP）数据

这就是我们的护国利器 /《知识就是力量》杂志社编著. —福州：福建科学技术出版社，2024.5
ISBN 978-7-5335-7276-1

Ⅰ.①这… Ⅱ.①知… Ⅲ.①武器装备管理 – 中国 – 青少年读物 Ⅳ.①E241-49

中国国家版本馆CIP数据核字（2024）第079345号

出 版 人　郭　武
责任编辑　李国渊　夏丹丹
装帧设计　黄　丹
责任校对　林峰光　王　钦

这就是我们的护国利器

编　　著	《知识就是力量》杂志社
出版发行	福建科学技术出版社
社　　址	福州市东水路76号（邮编350001）
网　　址	www.fjstp.com
经　　销	福建新华发行（集团）有限责任公司
印　　刷	福建省金盾彩色印刷有限公司
开　　本	720毫米×1020毫米　1/16
印　　张	10
字　　数	105千字
版　　次	2024年5月第1版
印　　次	2024年5月第1次印刷
书　　号	ISBN 978-7-5335-7276-1
定　　价	32.00元

书中如有印装质量问题，可直接向本社调换。
版权所有，翻印必究。

编委会

主　编

郭　晶

副主编

何郑燕

成　员

（排名不分先后）

编　辑：江　琴　高　琳　胡美岩　李　静

撰　文：陈　曦　崔家全　王保伟　徐　知
　　　　郑国祥　杜东冬

序

亲爱的青少年朋友们，当你们翻开这本书的时候，你们将踏上一段认识和探索我国武器装备的奇妙旅程。这不仅是一次对武装力量、军事科技和国防工业的认知之旅，也是一次对国家综合实力和民族精神的深刻理解之旅。

我们生活在一个充满挑战和机遇的时代，一个百年未有之大变局正在我们眼前展开，同时，世界正经历着前所未有的动荡与变革。在这个大的时代背景下，我们中国，这个拥有五千年文明史的古老民族，正以不可阻挡的步伐迈向伟大复兴！

在这一背景下，中国军事力量的发展壮大，既是国家发展进步的必然结果，也有着非凡的重要意义。1921年成立的中国共产党，领导中国人民进行不屈不挠的斗争，实现了民族的独立与解放；伴随着新中国的成立，党领导人民继续不断艰苦奋斗，发展建设这个伟大的国家。在此期间，人民军队和国防工业，在斗争和奋斗中不断发展壮大。特别是在近几十年间，中国军事力量经历了翻天覆地的发展变化，从传统的以数量规模为主的军事建设，转向注重质量效能的新质战斗力建设。这一转变，标志着中国国防和军队现代化建设，已经进入了一个全新发展阶段。

在这一过程中，中国军队武器装备的发展尤为突出，也成为军事力量、国防工业发展的最直观标志。本书着重介绍了其中有代表性的多款明星装备，包括航空母舰福建舰、055型大型导弹驱逐舰、"野

马"大型气垫登陆艇、轰-6K型轰炸机、运-20重型运输机、歼-20型隐形歼击机、直-10型武装直升机、PCL-181型车载榴弹炮、"山猫"全地形轻型突击车等。本书以通俗简明的语言,详细介绍以上这些"护国利器"的基本信息、技术指标、性能特点、主要用途、作战能力和应用方式等;并配有相关知识链接、插图,能够更直观地展示武器装备的外观和特点。当前介绍世界和外国武器装备的书籍很多,但本书展示的是我们国家自己的武器装备,展示我们自己的军队和国防工业,能够满足广大青少年朋友的兴趣爱好和学习需求。

本书介绍的这些武器装备,来自人民解放军三大军种,包括陆军、海军、空军部队。这样全方位、全维度、系统性地介绍一系列具有世界先进水平的武器装备,展示了中国武器装备智能化、信息化、机械化、现代化程度,反映了中国国防工业和军队建设丰硕的发展成果。人民军队战斗力的极大提高,也为维护国家主权、安全和发展利益,为保卫人民生命、财产安全,提供了强劲的后盾。

亲爱的青少年朋友们,你们是春天的花朵,是明天的太阳,是国家和民族的未来。中华民族伟大复兴,中国梦的实现,既在前辈身上,更在你们身上!知识就是力量,学习才能进步,实干才有未来。在这个挑战与机遇并存时代,让我们携手前进,以更加丰富的知识、更加宽广的视野、更加坚定的信念,在新时代的征程上再立新功,为国家的繁荣富强、为中华民族伟大复兴贡献自己的力量,为构建人类命运共同体、为建设一个更好的世界而努力奋斗!

目录

第一章 护卫海疆的利器：中国海军武器装备………1

- 新生代"护国利剑"——福建舰 …………………………… 2
- 航母称雄之"铁拳"——歼-15 型歼击机 ……………… 10
- 可敬的"老兵"——珠海号驱逐舰 ……………………… 18
- 中国航母的"带刀侍卫长"——055 型大型导弹驱逐舰… 26
- 滔海中坚——国产 052D 型导弹驱逐舰 ………………… 36
- 演绎海上狂飙——"野马"气垫登陆艇 ………………… 44

第二章 中流砥柱的力量：中国陆军武器装备……53

- 树梢上的阴影杀手——中国直-10 型武装直升机 ……… 54
- 陆海空全能选手——直-20 型直升机 …………………… 62
- 高原山地的开路先锋——中国 15 式轻型坦克 ………… 70
- 老式牵引炮"终结者"——PCL-181 型车载榴弹炮 …… 80
- 战场上的全能帮手——"山猫"全地形轻型突击车 …… 88
- 强悍的狙击成员——QBU-191 国产精准步枪 …………… 94

第三章　筑起天空长城：中国空军武器装备⋯⋯ 101

空中"战神"——轰-6K ⋯⋯⋯⋯⋯⋯⋯⋯⋯⋯⋯⋯⋯⋯ 102

中国"威龙"——决战世界之巅的歼-20⋯⋯⋯⋯⋯⋯⋯ 110

空中"胖妞"的蓝天之旅——运-20运输机 ⋯⋯⋯⋯⋯ 120

空中"奶妈"——运油-20新型国产空中加油机 ⋯⋯⋯ 128

强弓长箭射天狼——红旗2型地空导弹 ⋯⋯⋯⋯⋯⋯⋯ 136

云端护甲——飞行员的防护装备 ⋯⋯⋯⋯⋯⋯⋯⋯⋯⋯ 144

第一章 护卫海疆的利器：中国海军武器装备

中国海军以保卫国家海洋权益为主要任务，具备远洋作战能力，是维护国家安全的重要力量。其装备包括航母、潜艇、驱逐舰等现代化舰艇，能够有效应对各种海上威胁。

本章将对中国海军装备的代表性作战武器进行介绍。

新生代"护国利剑"——福建舰

文/陈曦

2022年6月17日,中国首艘完全自主设计建造的弹射型航空母舰——福建舰正式下水!加上辽宁舰和山东舰,中国成为拥有3艘航空母舰的国家!

福建舰小档案

长	320米
宽	78米
满载排水量	8万余吨

·福建舰

第一章 | 护卫海疆的利器：中国海军武器装备 3

舰岛

舰岛：航母的"大脑"，有指挥塔、飞行控制室、航海室、雷达和通信天线等。舰岛在飞行甲板的一侧，占地面积越小越好。

飞行甲板

飞行甲板：主要供舰载机停放和起降，有一直一斜两个方向，宽度比舰体宽度大得多。舰载机起飞方向与航母前进方向相同。降落区有4~6道阻拦索，用来钩住舰载机尾钩，使舰载机迅速减速为0。

机库

机库：位于飞行甲板下方，是停放舰载机的舱室，也能够对舰载机进行维修维护、做飞行准备作业，有牵引装置和飞机升降机。

电磁弹射器

电磁弹射器：航母上推动舰载机增加起飞速度、缩短滑跑距离的装置。弹射器后方有导流板，防止舰载机发动机的高温高压气体损害后方飞机和人员（图中被幕布遮挡）。

海上的移动机场

航母是各种航空器的海上平台，按照标准排水量可分为大型（6万吨以上）、中型（3万～6万吨）和小型（3万吨以下）。福建舰是中国海军第三艘、中国自造第二艘及第一艘采用弹射器的大型航母。该舰于下水时即被命名为"福建舰"，给予18的舷号，是中国首艘下水就开启军旅生涯的航母。福建舰长320米，宽78米，满载排水量8万多吨，是中国最大的航母；它采用大型平直通长甲板，装配电磁弹射器和阻拦装置。

福建舰满载排水量比辽宁舰大2万多吨，但"身宽"和"体长"变化不大。辽宁舰具有舰载机与其他武器搭配均衡的特点，标准排水量接近6万吨，能搭载36架舰载机。山东舰是辽宁舰的改进自制型号，排水量相似，但它缩小了舰岛面积，增大了机库面积，因此山东舰

的甲板面积更大,舰载机容量比辽宁舰增加了50%。然而,完全取消滑跃甲板,使用电磁弹射器和大型平直通长甲板的福建舰,又与辽宁舰、山东舰截然不同。

辽宁舰上收起机翼停放的舰载机

航母排水量越大,能容纳的舰载机越多,甲板和机库操作越方便,战力越强!为了节省空间,舰载机平时会将自己的"翅膀"折起来,起飞时再展开。按通常标准,排水量每增加1000吨,载机可增加1架。由此估算,福建舰能搭载的舰载机数量可能在50~65架。这么多舰载机,如何让它们顺利起飞呢?

神秘的航母"弹弓"

航母甲板"寸土寸金"。舰载固定翼飞机有滑跃式起飞和弹射起飞两种方式。辽宁舰和山东舰都采用滑跃式起飞方式,飞行跑道最长达195米。为了缩短起飞距离和搭载更多机型,得靠"大力士"将舰载机"用力推一把"。于是,工程师们决定给福建舰加装"弹弓"——弹射器。

弹射器是靠弹射推力和发动机推力共同作用,让舰载机迅速达到离地速度,实现短距起飞的一种助推装置,分为蒸汽弹射器和电磁弹射器。使用弹射器的航母弹射轨道长度都在90米左右。蒸汽弹射器是以高温高压蒸汽推动活塞,最终推动舰载机起飞。电磁弹射器是利用电流磁效应产生推动力,推动舰载机起飞。

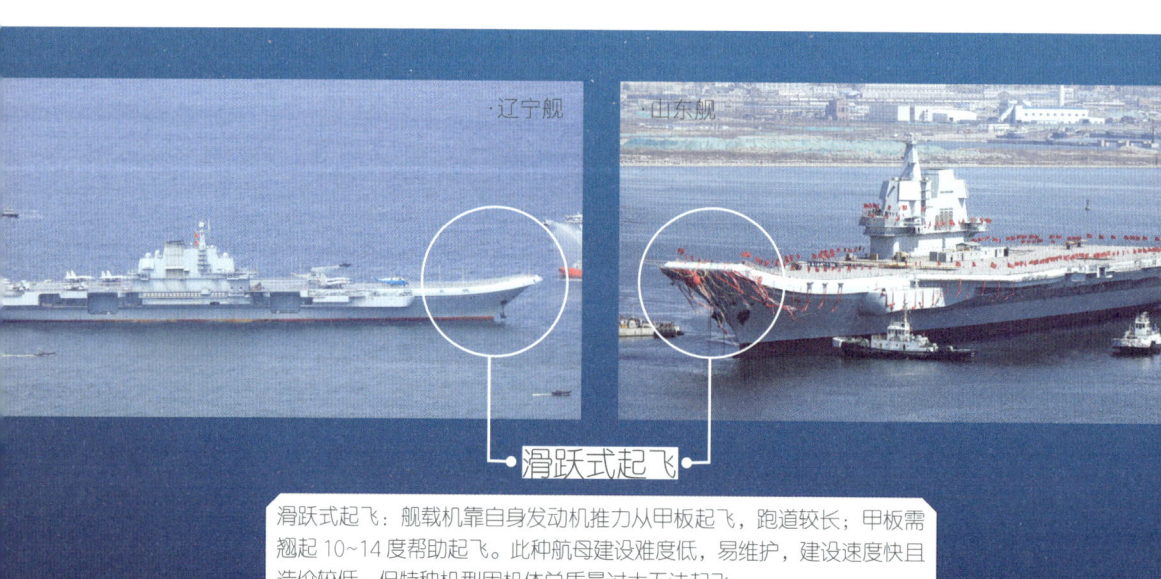

滑跃式起飞

滑跃式起飞:舰载机靠自身发动机推力从甲板起飞,跑道较长;甲板需翘起10~14度帮助起飞。此种航母建设难度低,易维护,建设速度快且造价较低;但特种机型因机体总质量过大无法起飞。

电流磁效应是丹麦物理学家奥斯特发现的：任何通电的导线，都会在它的周围产生磁场；电流越大，磁场越强，对有磁物体产生的力也越强。电磁弹射器则是向螺旋线圈输入强大电流，产生强大磁场，然后利用磁场同性相斥、异性相吸的作用，推动舰载机起飞。

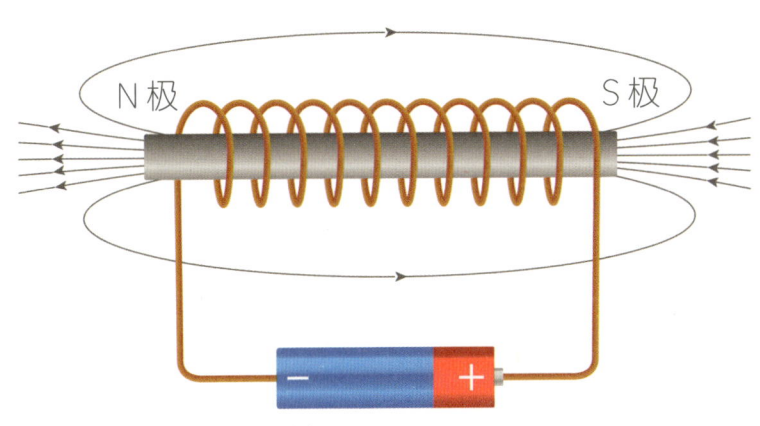

·电流的磁效应

弹射起飞

弹射起飞：将舰载机前轮与弹射器导向滑轨相连，弹射器和发动机共同作用产生推力，让舰载机迅速达到离地速度起飞。此种航母建设难度高，维护难，造价昂贵，但能满足各种舰载机的起飞需求。

"蒸汽"和"电磁"的较量

福建舰搭载的电磁弹射器经过10年的艰苦研发,是完完全全的中国造,它的成功让中国军事现代化进程跨出了巨大一步。福建舰为什么不采用成熟的蒸汽弹射技术,而是从零开始研制电磁弹射器呢?

第一,电磁弹射器爆发力更强,能弹射更多重型舰载机。电磁弹射器最大弹射质量可达40吨,而蒸汽弹射器最大弹射质量仅30吨。

第二，电磁弹射器能灵活调节弹射力大小，搭载任何舰载机。蒸汽弹射器最小弹射质量约7吨，无法弹射更轻的舰载机，作用力也不均匀。电磁弹射器通过改变电流大小，可弹射7吨以下的舰载机，并且修正推力偏差，不容易因为推力过大而损伤机体结构和飞行员。

第三，电磁弹射器高效便捷，不用"喝水"。电磁弹射器使用电能，且效率高达60%。蒸汽弹射器需要大量淡水和蒸汽，效率为4%～6%。蒸汽弹射器工作一次需消耗600～700千克蒸汽和1吨缓冲淡水。很多以蒸汽轮机作为动力的航母，在频繁使用蒸汽弹射器时，弹射器会跟蒸汽轮机"抢"蒸汽，导致航母减速。

第四，电磁弹射器更"苗条"可靠。蒸汽弹射器结构复杂，质量和体积巨大，且有大量管路阀门，检修耗时耗力。而电磁弹射器结构简单，还能自我监测，发生故障的概率也比蒸汽弹射器低。

随着福建舰成功下水入列，中国正式开启3艘航母并驾齐驱的时代。通过结合各类型舰载机、舰载无人机和其他舰艇，中国海防能够形成以航母为核心，集海空力量为一体，灵活机动、综合作战能力强劲的战斗群，成为护卫海疆的利器！

航母称雄之"铁拳"
——歼-15型歼击机

文/陈曦 绘图/飞飞

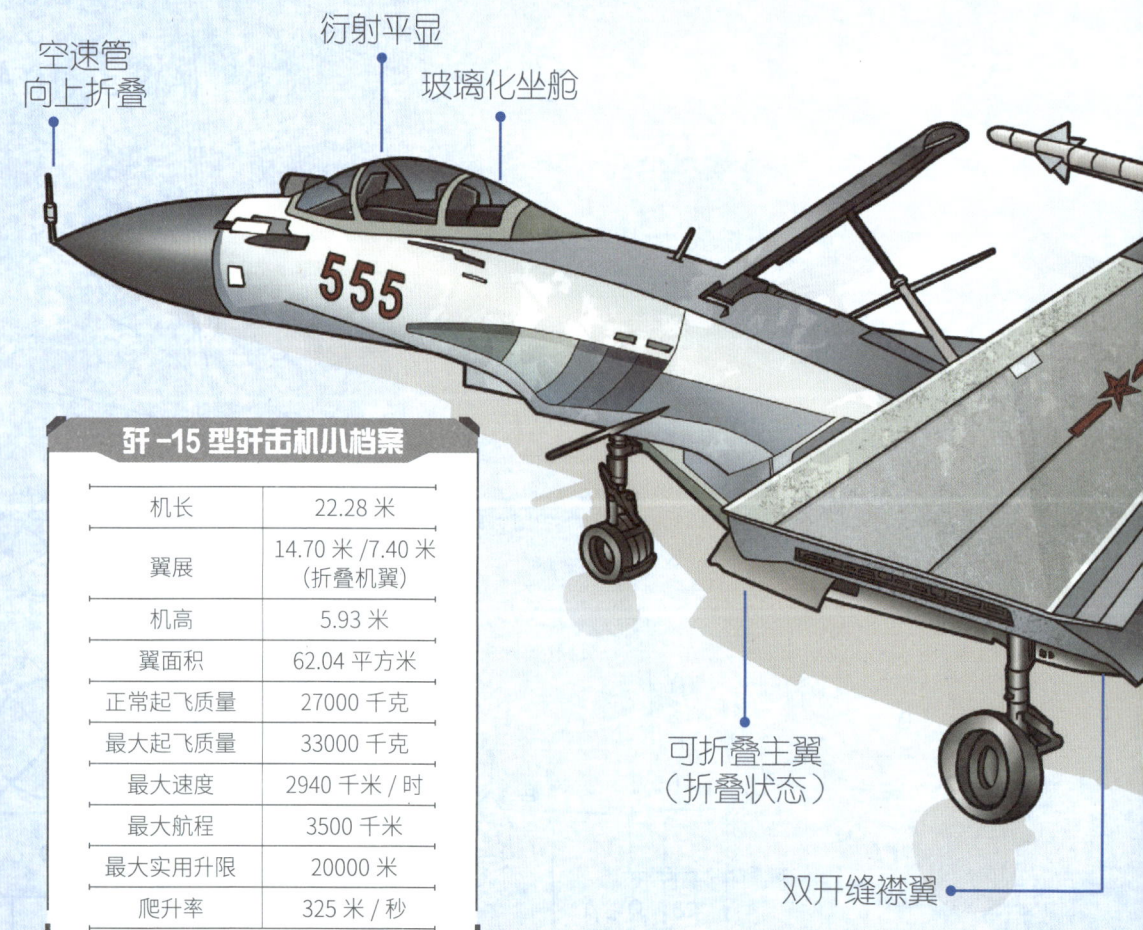

空速管向上折叠

衍射平显

玻璃化坐舱

可折叠主翼（折叠状态）

双开缝襟翼

歼-15型歼击机小档案

机长	22.28 米
翼展	14.70 米/7.40 米（折叠机翼）
机高	5.93 米
翼面积	62.04 平方米
正常起飞质量	27000 千克
最大起飞质量	33000 千克
最大速度	2940 千米/时
最大航程	3500 千米
最大实用升限	20000 米
爬升率	325 米/秒

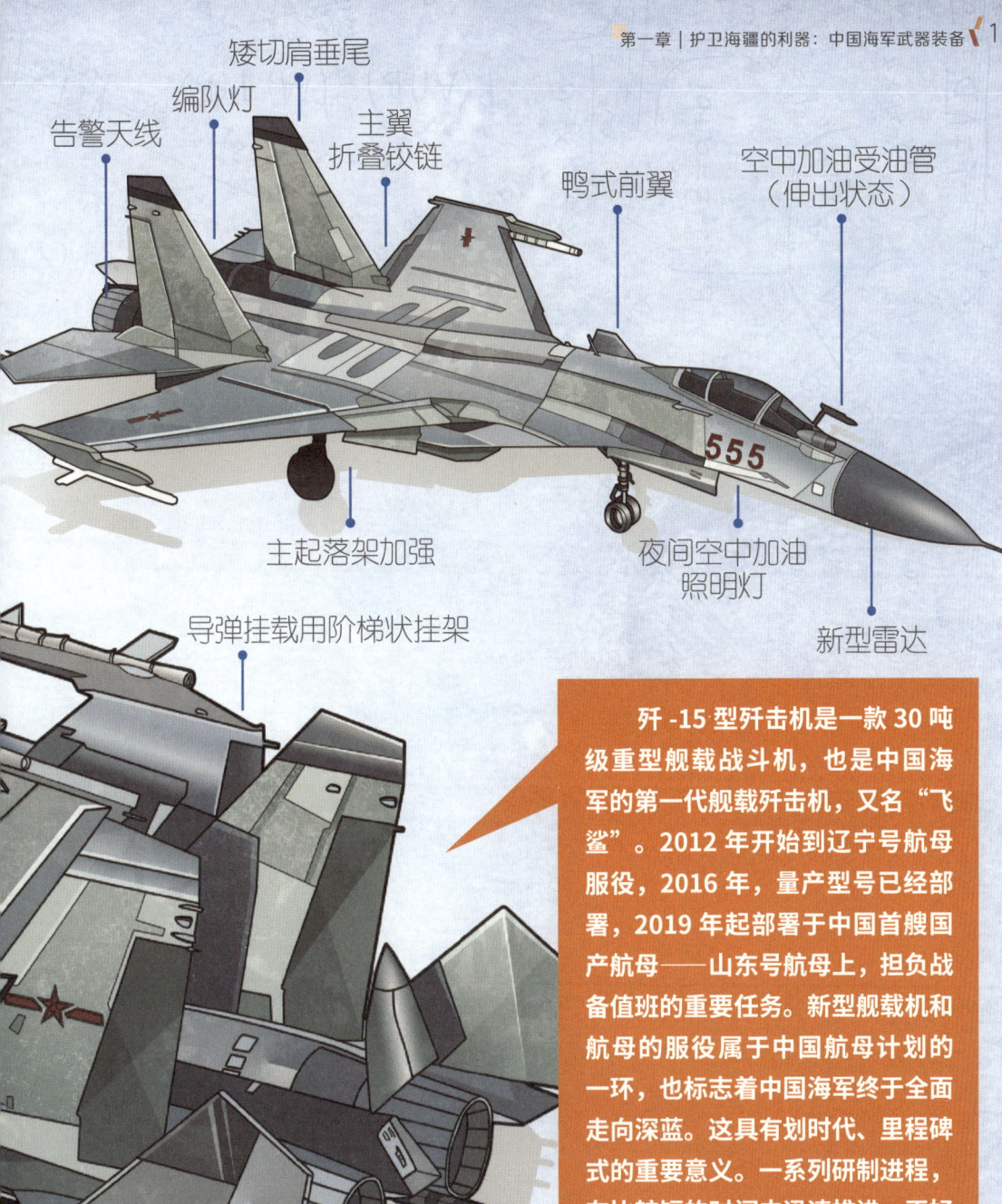

歼-15型歼击机结构示意图

> 歼-15型歼击机是一款30吨级重型舰载战斗机，也是中国海军的第一代舰载歼击机，又名"飞鲨"。2012年开始到辽宁号航母服役，2016年，量产型号已经部署，2019年起部署于中国首艘国产航母——山东号航母上，担负战备值班的重要任务。新型舰载机和航母的服役属于中国航母计划的一环，也标志着中国海军终于全面走向深蓝。这具有划时代、里程碑式的重要意义。一系列研制进程，在比较短的时间内迅速推进，正好适配航母，以及各主要护航舰的研制和建造进度，中国海军由此迎来了大发展的时代。

可以"折叠"的歼击机

歼-15型歼击机，尽管脱胎于苏-27型重型歼击机家族，但是相比陆基飞机还有很多不同。一是加强了机体主要框架结构、起落架、武器挂架的强度，同时新设置了着舰尾钩。这些都是为了在航母有限的飞行甲板上和非常短的跑道上进行起降作业。二是使用折叠机翼，其主翼可以向上折叠，大幅度降低了飞机占用的停放空间，便于在甲板和机库内进行保存和调度。三是歼-15型歼击机在所有主要结构和空气动力面上都使用防锈蚀材料，尽一切可能适应高盐、高湿度的航母使用环境。

歼-15型歼击机基础好、平台好，其平台性能和升级潜力都较大。其气动外形类似俄罗斯苏-33型歼击机，为鸭翼－主翼－水平尾翼三翼面控制面构型，又增加了双开缝增升襟翼，大大提高了机翼升力。这种设计为歼-15型歼击机从航母起降提供了较好条件。歼-15型歼击机使用放宽静稳定度、翼身融合布局，使用数字化电传操纵系统。飞行动作和控制上精确、灵活、方便,虽然机身大且重,但飞机操作起来非常好控制,也非常灵活。歼-15型歼击机属于重型歼击机,最大起飞质量超过30吨,载弹量不低于6.5吨,最大航程不低于3000千米。而且其使用重型舰载机雷达以及多套电子战系统,这些作为重型歼击机必备条件,使其战斗力明显超过中轻型歼击机。

冲上云霄,"我"有秘密武器

歼-15型歼击机初期使用俄罗斯AL-31F发动机,之后使用国产新型涡扇-10改进型涡扇发动机。其与美国F-100发动机和F-110发动机以及俄罗斯AL-31F发动机相比,在推力、体积、质量、推力瞬变能力、速度响应特性等指标上是类似的。同属第三代大推力喷气式发动机,完全处于同一技术水平。这是中国航空工业的巨大进步和成就。同时,涡扇-10改进型涡扇发动机使用的零配件也经过特别的防锈蚀处理,满足了舰载战斗机在起飞、复飞性能上的需求(航母舰

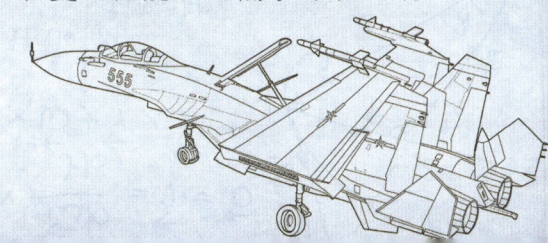

载机降落出现问题时，必须立即复飞），也保证了比陆基发动机更强的抗畸变能力，以充分适应舰载机的使用需要。

雷达等航空电子设备是另一重要方面。歼-15型歼击机用上了有源相控阵天线雷达。有源相控阵技术是目前全世界雷达等多种无线电设备上使用的最佳天线技术体制。这种天线上每个辐射器都配装有一个发射或接收组件，每一个组件都有独立能源，能自行产生和接收电磁波。因此在信号处理能力、信号强度、频宽和冗余度设计上，都比无源相控阵雷达优势明显，更不用说传统的平板缝隙阵列天线以及倒置卡塞格伦天线。但有源相控阵雷达必须使用精密的铁氧体移相器，其造价非常昂贵，技术难度大。

歼-15型歼击机在用上有源相控阵雷达后，针对各种目标刷新率很高，测距、测向、跟踪上也非常精确，而且功能多、用途广、抗干扰能力强，歼-15型歼击机的技战术性能得到显著提升。

全力以赴，务歼入侵之敌

歼-15型歼击机首先可实施对空作战，可携带霹雳-8/10等格斗导弹、霹雳-11/12中距离空空导弹进行空中优势作战，也可携带霹雳-15等远程空空导弹，直接打击敌指挥机、预警机、海洋巡逻机、大型电子战机、加油机、重型运输机等重要目标，尤其是直接影响一场战役的空中战役目标。

这种一击必杀的能力，是歼-15型歼击机作为重型战机的重要优势体现。另一方面，歼-15能携带鹰击-91反辐射导弹、鹰击-83

型反舰导弹、中程空地导弹、远程空地导弹、激光制导炸弹、卫星制导炸弹、防区外弹药撒布器等武器,能打击海上和地面目标。这是歼-15型歼击机更加重要的性能,能够打击敌方更多重要战役目标。

辽宁舰、山东舰是中型航母,其装备歼-15型舰载机后如虎添翼。实际上,中型航母战斗力确实比较有限,但是装备重型歼击机后,战斗力有了较好的保障。法国的"戴高乐"号中型航母使用中型的"阵风"战斗机,印度的"维克拉玛迪亚"号中型航母也使用中型的俄制米格-29K型战斗机。由于其航母排水量较小、甲板面积也较小,而中型战斗机带弹量少、留空时间短、航程和作战半径短,因此仅在出动率和保障性方面有优势。

中国中型航母的排水量大了印度"维克拉玛迪亚"号中型航母将近2万吨,而且配套的是歼-15型舰载机,可以在更远距离上发动对地和对海打击作战,也可以在空中维持更久的防空作战体系。中国中型航母这些方面的优势,很大程度上来源于歼-15型重型舰载战斗机。

实际上,世界上主要军事强国,都在尽可能装备像歼-15型这样的重型歼击机。比如美国海军的航母,主要装备"超级大黄蜂"系列战机。而在每艘"尼米兹"级航母上,统一装备F/A-18E/F型战机。也就是说,美国海军的F/A-18E/F型战机,是绝对主力。与歼-15战机一样,同属于4代或4代半

·美国"超级大黄蜂"战机

重型机,能够遂行各种各样的任务。所以,歼-15型歼击机绝对是大国海军的不二选择。

航母驰骋,飞鲨出击

在2020年的多次演训期间,不仅山东舰带着歼-15战机,成功出海海试,并且进行了初步的模拟作战演练;而辽宁舰也实施了较大规模放飞训练,连续放飞了13架歼-15舰载战斗机,空中演训后又全部着舰。

此次放飞以及编波训练,其实还称不上全甲板,但是放飞和编波训练规模不小,复杂程度也较高,且比较贴近实战要求了。毕竟美国航母在伊拉克战争及之后,也多采用17架左右的编波规模,不过是连续出动，每个波次出动间隔很短。这种规模的出动，实施防空作战和火力侦察任务都是足够的，实施突击任务的话，也能适应针对小型目标群，例如打击地面一个节点目标，或者打击 2~3 艘水面舰这种战术群的需要。虽然打击强度并不高，但胜在连续不断，战斗准备和甲板运作复杂度低、较为便利，总体周期短。这种规模的出动，也比较适合山东舰、辽宁舰的滑跃式起飞方式。

另外，在 2020 年的演练中，中国海军航母和歼-15 型歼击机还进行了跨海区训练，进行了长距离调动、航渡科目。训练期间，歼-15 型歼击机还进行了空中加油和伙伴加油训练。这些持续机动和拓展航程的训练都是非常必要的，大大加强了航母作战体系的灵活性和机动性。毕竟航母的最大优势就在于机动，其主要特点就是作为机动舰队核心进行作战。

中国海军目前的战略使用原则是"近海防御，远海护卫"，任务区范围不小，包括亚丁湾、印度洋、南海、东海，甚至出第一和第二岛链等，任务也比较多样复杂，迫切需要航母和舰载机机动灵活、适应多样任务和环境。

总而言之，新锐的歼-15 型重型舰载歼击机，必将成为中国坚决维护国家主权、安全、发展利益的利器，是中国人民海军遂行任务的重要而强劲的作战平台。

可敬的"老兵"
——珠海号驱逐舰

文/陈曦 绘图/骆玫

前主炮，79A型双联100毫米全自动舰炮。采用玻璃钢隐身炮塔，最大射速25发×2/分钟，最大射程20千米。

卫星通信/数据链系统

反潜火箭

副炮

数据链天线

副炮，76A型双联37毫米防空炮，射速800发×2/分钟，对空有效射程4千米。

·珠海号驱逐舰在重庆九龙坡

第一章 | 护卫海疆的利器：中国海军武器装备　19

> 1949年4月23日，伴随着百万雄师横渡长江的凯歌，中国海军在江苏泰州白马庙应运而生。本文将带你认识一位在相当长的一段时间里，撑起中国海防任务的可敬"老兵"——珠海号驱逐舰。

八联装 HHQ7 近程防空导弹

八联装 HHQ7 近程防空导弹，有效射程约 12 千米，采用复合制导，抗干扰能力强，单发命中率高，但是火力通道不足，仅能抗击 1~2 发空袭导弹。

对空对海搜索雷达

对空对海搜索雷达，最大探测距离约 200 千米。

四联装鹰击-83 型反舰导弹箱式发射装置

四联装鹰击-83 型反舰导弹箱式发射装置，导弹最大射程超过 200 千米，超过空突防高度 20 米，接近敌舰后高度进一步降低到 5~7 米。

珠海号驱逐舰小档案

长	128.6 米
宽	12.4 米
标准排水量	3250 吨
满载排水量	3670 吨
总功率	72000 马力（约 52956 千瓦）

海战中的"多面手"

驱逐舰是一种具有防空、反潜、对海作战等多用途的军舰,装备导弹、鱼雷、舰炮等多种武器,可担任海军舰艇编队中进攻性的突击任务。驱逐舰是现代海军舰艇中,用途最多、数量最多的舰艇,有"海上多面手"之称。

20世纪50年代初,中国尚无建造千吨级以上驱逐舰的能力,从苏联购买了4艘07型驱逐舰——鞍山舰、抚顺舰、长春舰、太原舰。这"四大金刚"组成了中国海军第一支驱逐舰部队。

1971年12月,由中国设计制造的第一代国产导弹驱逐舰——济南舰,交付中国海军使用。它的服役,标志着中国有了自行研制大型水面舰艇的能力!

2021年12月19日,中国海军辽宁号航母编队开展远海实战化训练

珠海舰的诞生

本文的"主人公"珠海号驱逐舰（以下简称"珠海舰"），因舷号为166，也被称为166舰，是中国自行研制的051型第二代导弹驱逐舰。

在中国海军的发展史上，051型驱逐舰占据了非常重要的历史地位。051型驱逐舰以苏联科特林级驱逐舰为参考样本，做了一系列放大和改进。中国海军装备的十多艘051型驱逐舰，一度作为绝对主力撑起了中国的海防任务。

但随着时间推移，051型驱逐舰已经无法适应现代战争环境，必须进行发展升级，于是珠海舰应运而生。1987年10月31日，珠海舰在大连造船厂开工，1990年10月18日下水，1991年11月21日交付南海舰队，1992年6月6日被正式命名。

"老兵"的"新装"

珠海舰标准排水量3250吨，满载3670吨，长128.6米，宽12.4米，最大吃水4.97米。其主机改进并不多，包括2台锅炉、2台蒸汽轮机，总功率达到72000马力，双轴双螺旋桨驱动，14.5节状态下巡航力达到3640海里。

该舰的舰桥结构做了重新设计,形成不同于老式051型的封闭式舰桥,以加强核生化作战能力,并增大内部空间。这样一来,方便换装新型舰载指挥系统,指挥控制能力大大提升,也便于雷达、电子战等船电系统升级。

珠海舰最大的升级改进就是拆除了7222式三联装回转式发射装置以及所配用的"上游"系列反舰导弹,代之以4座双联装箱式导弹发射架,采用射程85千米、长圆柱形弹体的鹰击–8A反舰导弹。该款反舰导弹目标小、抗干扰能力强,因此突防能力强,敌舰较难防御。为满足新型导弹需要,取消了352系列对海搜索和火控雷达,换成比较新型的347型对海雷达。全新反舰导弹的换装,将该舰的主要战斗力提升了一个档次。

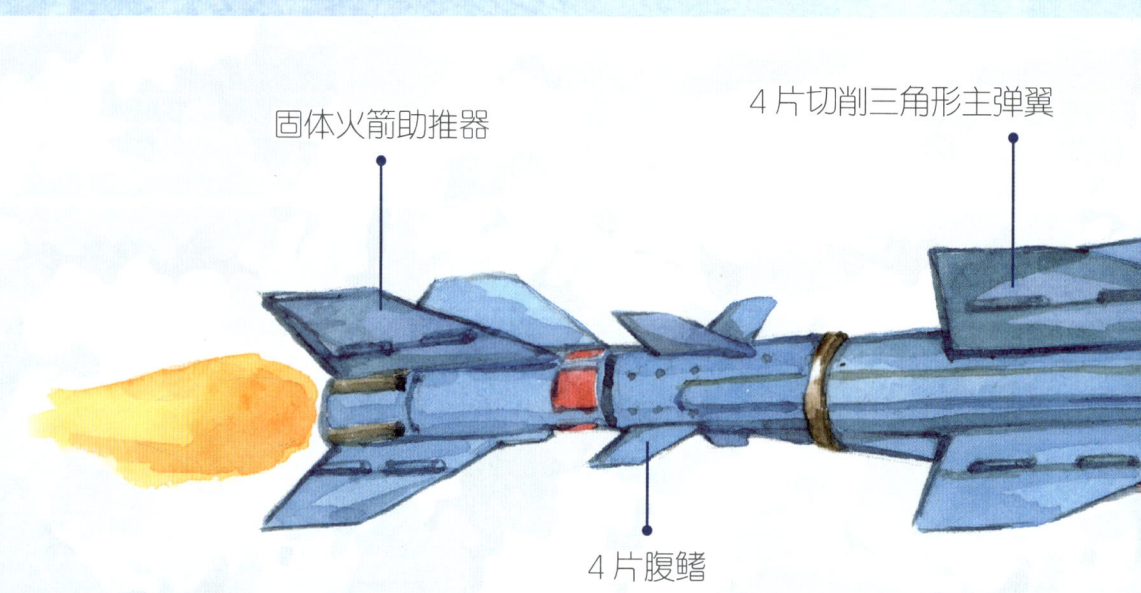

·鹰击-83型反舰导弹结构图

2003 年珠海舰进行了大改装，换装了 2 座双联装 100 毫米隐身外形主炮，反舰导弹进一步更换为 4 座四联装鹰击 -83 型反舰导弹，导弹的射程和精度又上了一个档次。

同时，珠海舰前部舰桥两侧，各加装了一具三联装轻型 324 毫米口径鱼雷发射装置，用于发射鱼 -7 型轻型反潜鱼雷。轻型鱼雷结合驱逐舰的航速，可有效针对柴电潜艇作战，面对核潜艇也有基本自卫能力。

珠海舰舰尾则取消了深弹发射炮，增加了一具拖曳式变深声呐，舰尾空间用于容纳放线拖线系统以及声呐拖体。新声呐系统取代了原来的 601 型和 675 型声呐。另外，该舰保留了两具 FQF-2500 型 12 管深弹发射器。

长	6.86 米
弹径	0.36 米
翼展	1.18 米
弹头	200 千克

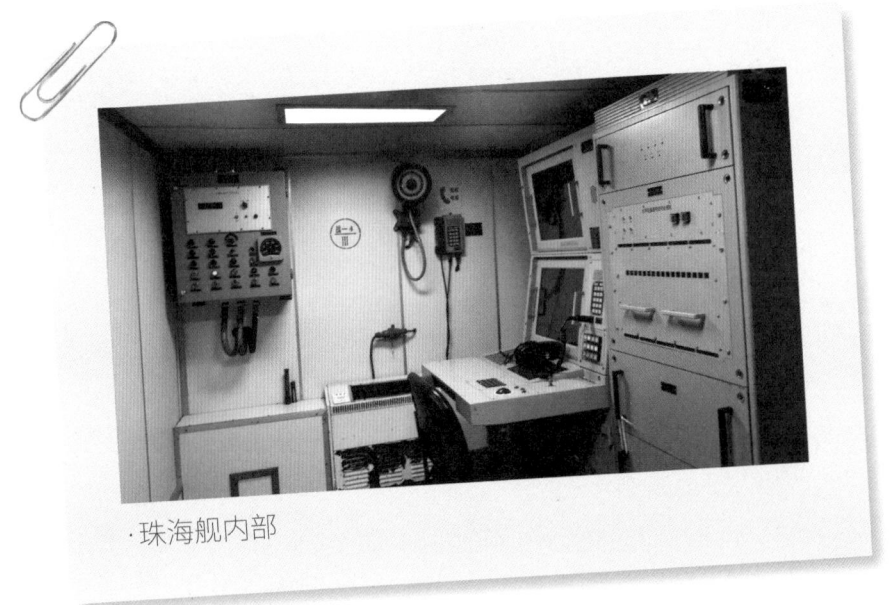

·珠海舰内部

上述这些改装,赋予该舰搜潜、反潜能力,可在近距离、浅水区与潜艇对抗。

在防空作战方面,珠海舰以精度更高的517A大型对空搜索雷达,取代了老式515雷达,并装备381甲型三坐标型对空警戒雷达,不仅提升了雷达精度,更好地为武器指示目标、装订火控数据,也大大加强了防空值班和对空预警搜索能力,尤其是加强了与航空兵的协同作战能力。

珠海舰就是现代化改造后的051型驱逐舰的缩影,是中国海军在世纪之交装备的中型舰只中的典型,可以作为海上雷达站,外推防空圈,保证岸基航空兵的实际作战效能。珠海舰是一员忠诚的"老兵",时刻枕戈待旦,保卫着祖国海疆。

1997年,由珠海舰、哈尔滨舰、南昌舰组成的舰艇编队,历时98天,横渡太平洋,创下中国海军对外交往史上出访规模最大、时间最长、航程最远、访问国家和城市最多的纪录。

一路遭遇恶劣天气海况和长航时消耗,对于舰体和轮机、舰员队伍都是极大的挑战。珠海舰顺利完成出访任务,经受住了太平洋上大风大浪的考验,成为051型驱逐舰中航程最远的一艘驱逐舰,实现一代"老兵"无上的荣耀!

延伸阅读

海军舰队一般必备哪些舰种?

除驱逐舰以外,海军舰队还包括航母、补给舰、巡洋舰、护卫舰、登陆舰等多个舰种。

航母:有"海上霸主"之称,是一种以舰载机为主要作战武器,远距离夺取制空、制海权的大型水面舰艇。

补给舰:顾名思义,它会在航行中帮助"队友"补充燃料、食品、武器弹药和人员等。

巡洋舰:在航母出现之前,负责率领舰艇编队进行远洋巡逻和作战;航母出现之后,作为航母的护卫舰进行远洋作战。

护卫舰:护卫舰的排水量一般低于巡洋舰和驱逐舰,属于轻型海面战斗舰艇,主要负责侦察、警戒等护航任务。

登陆舰:登陆舰是一款现代军事海上登陆战实用的武器装备,也叫两栖舰艇,是为输送登陆兵及其武器装备、补给品登陆而专门制造的舰艇。

中国航母的"带刀侍卫长"
——055型大型导弹驱逐舰

文/陈曦　绘图/骆玫

改进型单管130毫米舰炮

8×8通用垂直发射系统

H/PJ-11型11管30毫米近防炮

球鼻艏和声呐设备

·055型大型导弹驱逐舰结构及主要武器图

第一章 | 护卫海疆的利器：中国海军武器装备

055型大型导弹驱逐舰（以下简称"055舰"），是中国海军在新时代装备的重要平台，也是中国海军发展历程上的标志性成果。这是一款在世界处于顶尖位置的战舰。055舰首舰为南昌号，2014年12月在江南造船厂开工，2017年6月28日下水，2020年1月12日归建入列。其与航母和新型核潜艇，共同标志着中国海军全新时代的来临！

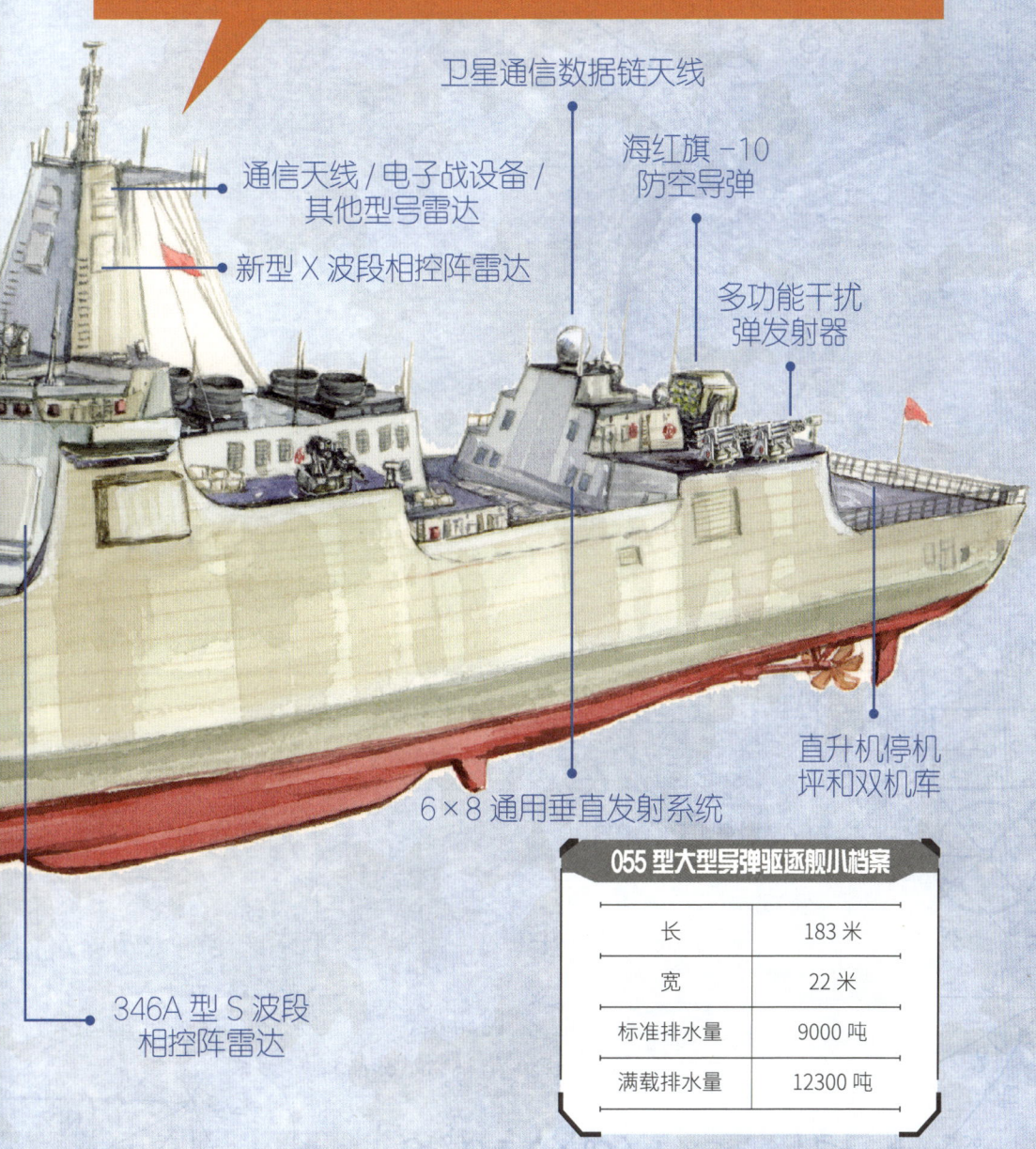

- 卫星通信数据链天线
- 海红旗-10防空导弹
- 通信天线/电子战设备/其他型号雷达
- 新型X波段相控阵雷达
- 多功能干扰弹发射器
- 直升机停机坪和双机库
- 6×8通用垂直发射系统
- 346A型S波段相控阵雷达

055型大型导弹驱逐舰小档案

长	183米
宽	22米
标准排水量	9000吨
满载排水量	12300吨

大国重器的五大法宝

由于排水量大、战斗力强、配属人员多，055舰定级为大型导弹驱逐舰，在中国海军属于一级舰，只比航母和战略核潜艇低，但比其他驱逐舰高。其满载排水量高达12300吨，舰体规格高、尺寸大，承载能力强，甲板面积和内部空间富足。055舰采用4台高功率燃气轮机构成的全燃动力系统，最大速度超过30节，续航能力也达到前型驱逐舰的2倍。这么好的"身板"，决定了055舰诸多强大功能。

拥有强大的指挥和通信能力。 055舰内部有巨大的舱室，以及庞大的多信道通信系统，可供数十人的编队指挥所持续工作，里面有指挥员、编队各部门业务长，以及参谋人员。055舰能够同时通联数艘水面舰，以及几十个空中目标或小编队，遂行指挥、引导和控制任务。

· 舰载相控阵雷达

同时采用 2 种型号相控阵雷达系统。 不仅导弹的火控雷达、照射等任务由相控阵雷达完成，远程防空预警、超视距侦察也可由相控阵雷达完成，几乎所有目标都可以以极高精度进行探测、跟踪、定位，并且可以在各种任务之间自由切换。另外，055 舰的雷达还拥有出色的反隐形能力，即使面对特定国家的先进战机，依然有强大战斗力。

采用 112 单元垂直发射系统。 这种垂直发射系统拥有"多弹共架"功能，而且发射筒直径高达 850 毫米，可以容纳多种大型导弹：所有发射筒都可以发射红旗 -9 系列中远程防空导弹，打击多种空中目标；部分发射筒可以发射鹰击 -18 反舰导弹和长剑系列攻陆巡航导弹，以及研制中的高超声速导弹。这种垂直发射系统可以对距离数百千米以上的移动目标，以及 1000 多千米外的固定目标进行打击，打击能力十分出众。

防御能力强大。 055 舰采用新型电子支援和干扰系统，能够及时发现敌军雷达照射、导弹来袭、空中突袭等情形，还可使用有源干扰站和多种无源干扰弹进行电子压制、诱骗、拦阻。另外，还可以配合 1130 型近防炮、红旗 -10 型末端防空导弹对来袭敌目标进行硬杀伤。

·直-20战术通用直升机

反潜作战能力强大。055 舰采用新型大型艏部球鼻艏声呐,可主被动搜索并保障反潜攻击,尾部还装备拖曳线阵列声呐和主被动变深度声呐,可在多种海洋环境中发现敌潜艇和鱼雷。055 舰可拥有 2 架中型直升机,其舷侧反潜鱼雷、水声对抗器材等反潜配置也非常全面,配合机动能力超群的全燃动力系统,可以在有效打击潜艇的同时进行自我保护。

055 舰近似于曾经美国、欧洲的巡洋舰或驱逐领舰,也囊括了苏俄导弹巡洋舰的主要用途。具体而言,055 舰既可以作为重要护航舰只参加航母战斗群,也可以作为中国版的"巡航导弹打击群"以及反潜等编队的旗舰,在海上战役和战斗中发挥重要作用。

跟随航母作战时,055 舰发挥着除核潜艇外当仁不让的"第一僚舰"的作用。它作为联合海上编队防空指挥所和防空作战节点,包揽了单个航母战斗群防空指挥任务，甚至可指挥多个战斗群的防空作战。055 舰足以协调多个编队的空中管制、空情保障、航空兵引导、火力和电子战组织等具体任务，并与其他舰只一起，共同承担防空警戒和防空火力拦截等任务。

此外，直-20 战术通用直升机可以在 055 舰上进行起降，为 055 舰提供空中支援和运输服务等，提高 055 舰的作战能力。

有航母时，给航母当保镖

早在第二次世界大战时期，美国和英国海军就已确立防空巡洋舰作为防空指挥舰，给航母当保镖，且这一做法得到了其他国家的效仿。这一点上，055 舰与其他强国海军是完全相同的。

第二次世界大战后，美国海军第一代大型导弹舰只，除 1 艘昂贵、复杂、配置极为全面的长滩号导弹巡洋舰外，其余的波士顿级、加文斯顿级、阿尔巴尼级、小石城级导弹巡洋舰，全是旧式火炮巡洋舰改装过来的。长滩号装备着硕大无朋的 SPS-33 相控阵，像个大头娃娃，与 055 舰一样，它们都用了当时最先进、也是划时代的大型情报雷达。后来，美国用专门设计的巡洋舰，包括莱西级和贝尔纳普级常规动力巡洋舰，以及核动力的班布里奇号、加利福尼亚级、弗吉尼亚级核动力巡洋舰，代替了原来的改装巡洋舰。到了第三代，则建造了延绵到冷战后的提康德罗加级巡洋舰。未来，美国海军除了维持一些提康德罗加级巡洋舰外，还将建造伯克级驱逐舰的升级型号——伯克 FLIGHT Ⅲ 型驱逐舰。

在英国皇家海军，第二次世界大战后执行防空任务的是英国虎级巡洋舰、郡级驱逐舰，以及后来的一些42、45型驱逐舰；法国是絮弗伦级驱逐舰，以及地平线级驱逐舰等；意大利则是安德里亚多利亚级和维内托号巡洋舰，现在则装备地平线级驱逐舰。

总之，未来中国海军055舰，它的同类将是美国海军伯克FLIGHT Ⅲ型驱逐舰、提康德罗加级巡洋舰、英国45型驱逐舰，法国、意大利地平线级驱逐舰。

无航母时，充当编队旗舰

055舰另一重要任务，是作为海军其他作战编队的旗舰。没有航母时，055舰是最大作战舰，也是海军其他作战编队的旗舰，理应作为核心。这时它就是一把抓了，舰上会设立战役-战术指挥所，航海、防空、反潜、突击作战，所有指挥任务，055舰都要胜任。055舰所在作战编队，包括远程对地打击的"战役巡航导弹打击群"，反潜作战的"搜索突击群"，有时还包括侦察和攻击结合的"侦察-突击群"。作为编队旗舰，055舰的优势也同样十分突出。

首先是指挥能力，因为普通的驱逐舰缺乏大型贯通舱室之类的设施，容纳不了指挥所，所以少了055舰具备的指挥能力。另外，普通驱逐舰也不可能配备强大的多信道编队舰间、舰空、舰岸通信系统，无法保证频繁、兼容、加密、抗干扰和持续不断的通联高要求。正因为这样，普通驱逐舰带2~3艘驱逐舰或护卫舰就十分了不起，而055舰能带大编队出去。

其次就是突击能力。美国海军为了拥有"战役巡航导弹打击群"，先后进行了台风型巡洋舰、弗吉尼亚改进型巡洋舰，以及先进打击巡洋舰CSGN等计划，最后却统统下马撤销。在历史上，美国海军实际装备的是拥有16枚战斧和16枚鱼叉导弹的衣阿华级改进型战列舰，

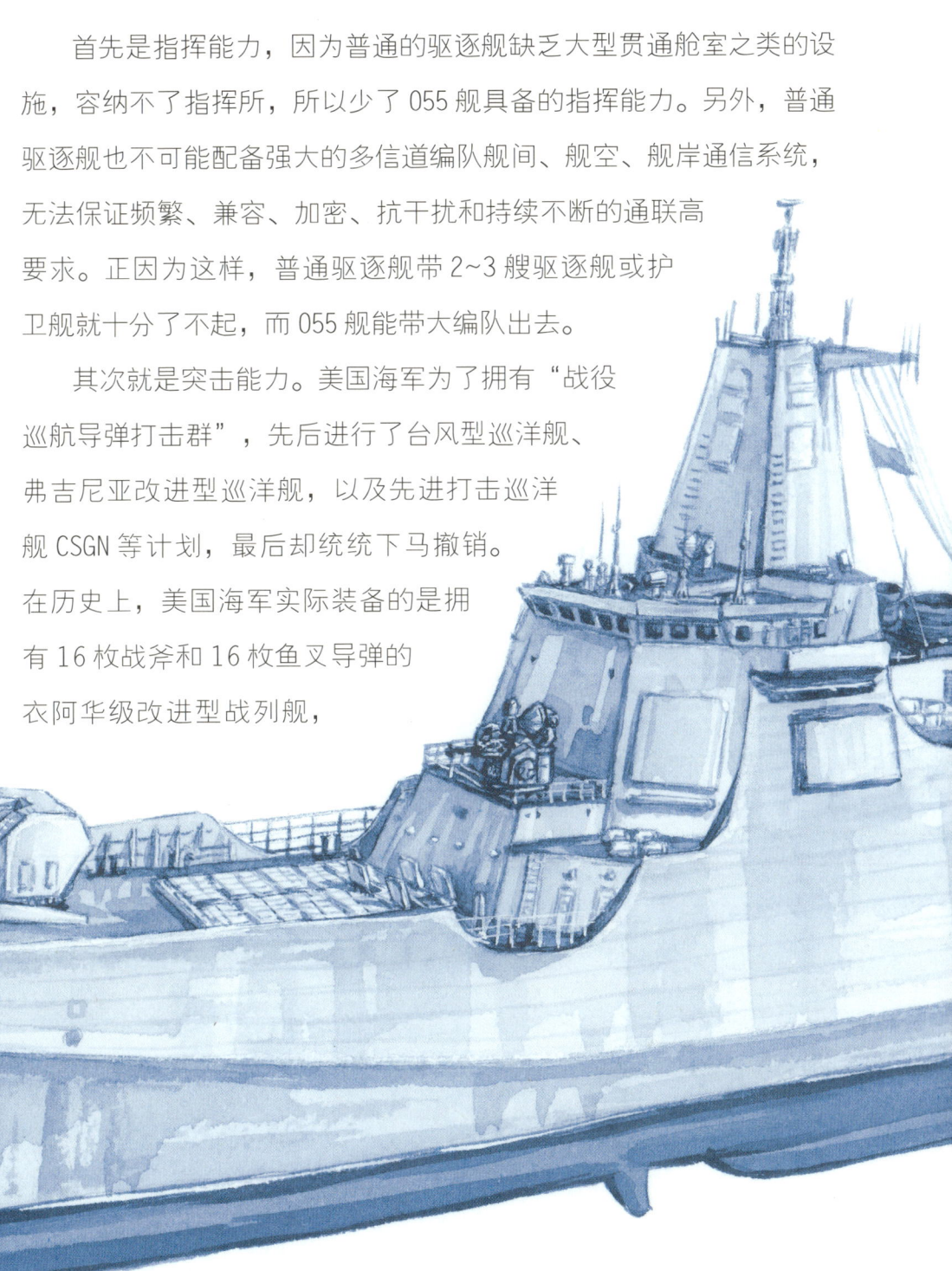

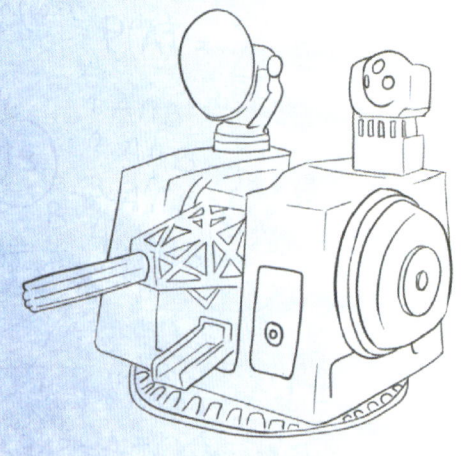

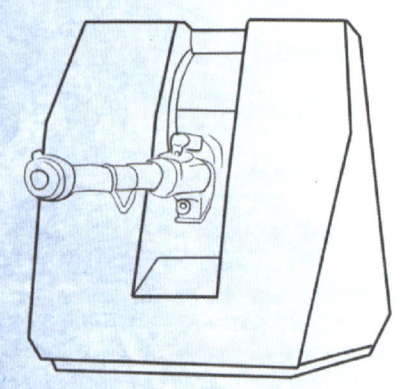

加装战斧导弹的各核动力巡洋舰，以及提康德罗加级导弹巡洋舰。而苏联海军在这方面特别重视，先后装备1144型基洛夫级重型核动力导弹巡洋舰，和1164型光荣级导弹巡洋舰，使用了P-700和P-1000型反舰导弹。在今天，能够投射数十枚远程反舰导弹和巡航导弹的055舰，一次作战能够毁伤数个战役目标，传承了海军强国"大舰重器、旺盛火力"的传统。

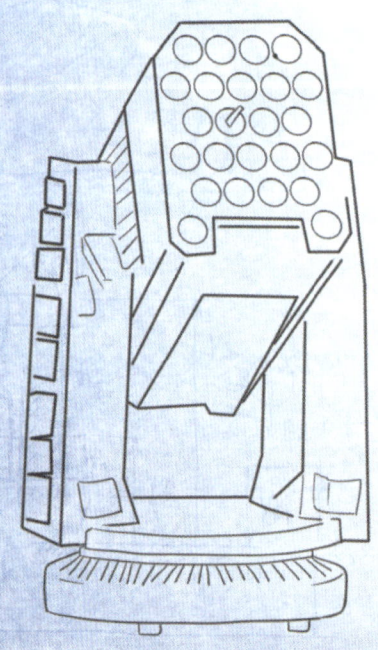

三是强大的生存能力。一个航母编队会受到很多威胁，其中有些方向是重点方向，是敌军最可能来的方向。如果这时有1艘055舰就厉害了。在重点方向和关键水道上，1艘055舰带领1~2艘其他驱逐舰或护卫舰，可以对抗敌方核潜艇和航空兵，给航母分担很大压力。而航母则可以专注于进攻作战，放飞大群飞机用于打击。比如冷战末

期，美国海军就通常编组1艘提康德罗加级巡洋舰，带领2艘斯普鲁恩斯级驱逐舰的僚舰；而苏联海军则一般以1艘1134B型大型反潜舰为核心，带领1155型大型反潜舰等舰只前出作战。只有这些大型舰只，才能同时装备中远程和近距离防空导弹，反潜直升机、反潜导弹和反潜鱼雷，3套及以上的情报侦察和电子战系统，有了这么全面豪华的配置，才能去执行最危险的任务，而如今中国的055舰也是这样强！

在海军强国的舰队中，055舰是绝对必要的，它是承上启下的枢纽，是舰队的中流砥柱。055舰的出现，代表着中国海军真正的远洋作战体系，能够真正走出近海，走向深海大洋，到世界的海洋上维护正义与和平！

滔海中坚——国产052D型导弹驱逐舰

文/郑国祥 绘图/黄金

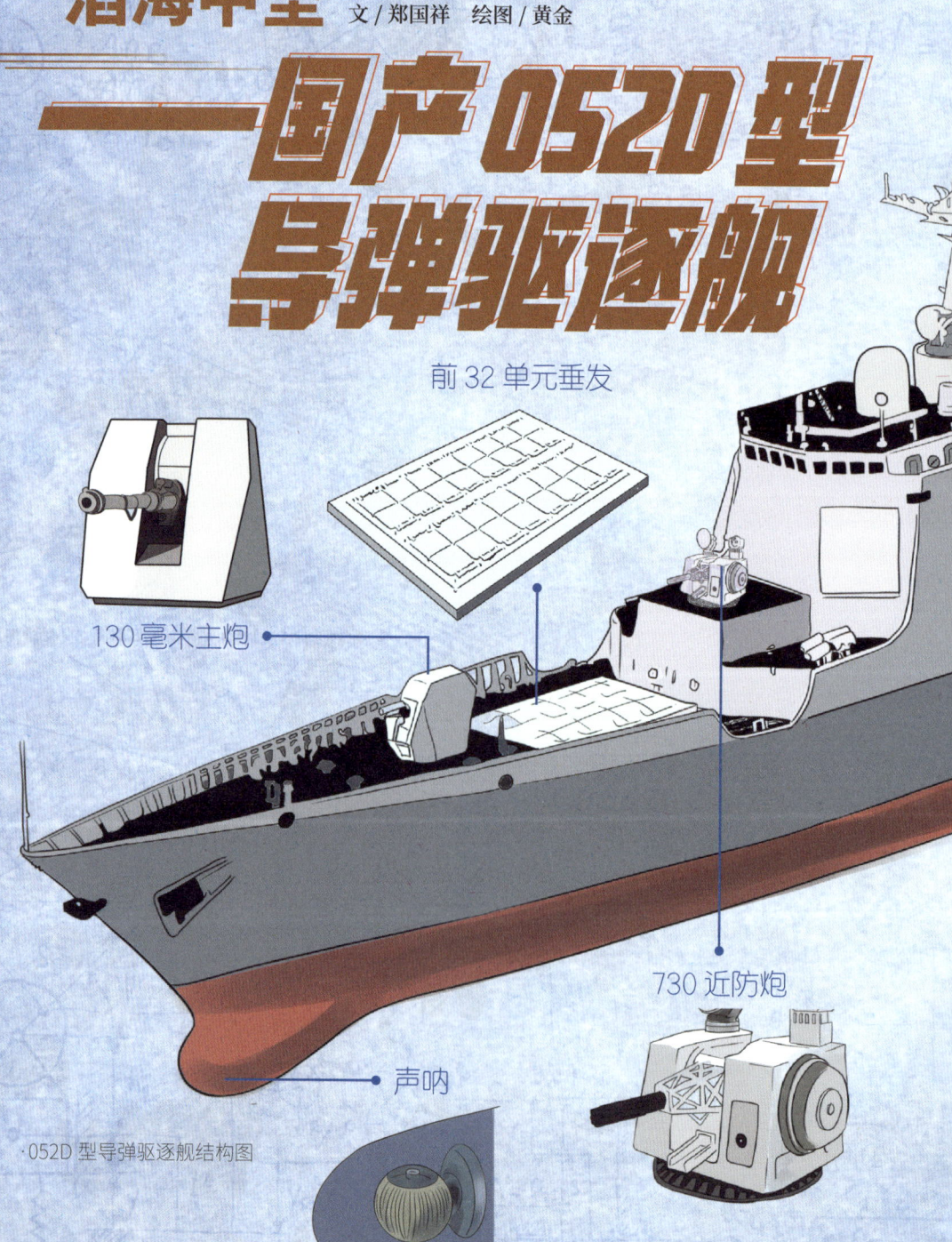

前32单元垂发

130毫米主炮

730近防炮

声呐

·052D型导弹驱逐舰结构图

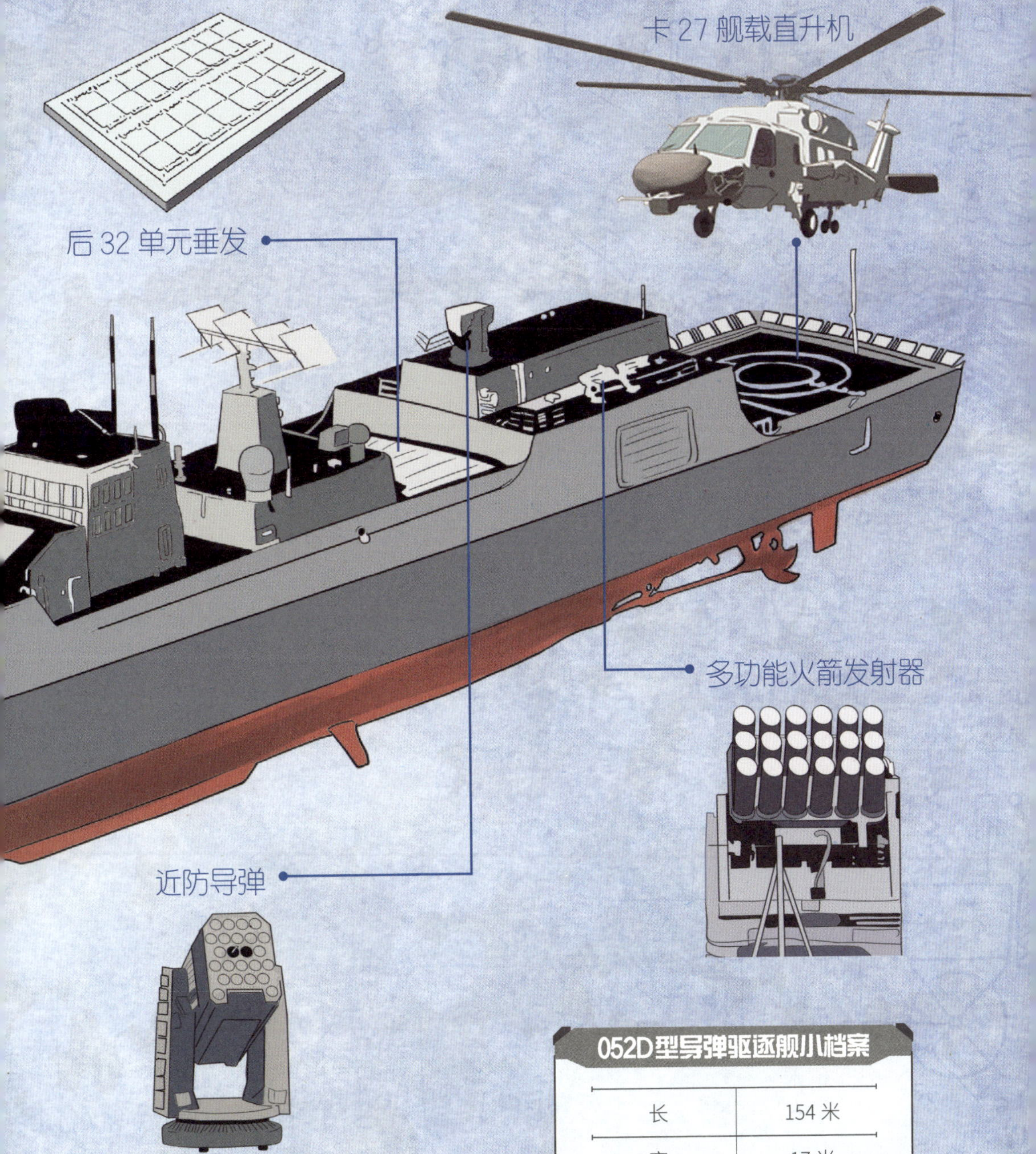

第一章 | 护卫海疆的利器：中国海军武器装备

卡27 舰载直升机

后 32 单元垂发

多功能火箭发射器

近防导弹

052D型导弹驱逐舰小档案	
长	154 米
宽	17 米
满载排水量	6500 吨

更灵敏的"眼睛"

052D型导弹驱逐舰（以下简称"052D型舰"）延续了052C型舰的总体舰型设计，满载排水量6500吨。从布局上看，052D型舰的上层建筑向内倾斜角度更大，因而雷达反射面积更小，隐身性能更好。尾部船楼结构有较为明显的变化，机库从左侧移到中间，两侧增设了一对封闭式快艇容舱。后桅杆也往前移了一段距离，以便能在甲板设置导弹垂直发射系统。

052D型舰的最大改进，是装备了新型346A数字化相控阵雷达，这是导弹驱逐舰探测、识别、跟踪、制导的"眼睛"。该雷达阵列沿用052C型舰的同等高度四角布置方式，但由于052D型舰船艉楼两侧建筑向内收缩的角度更大，安装相控阵雷达的阵列面积也随之增大，因此，052D型舰的雷达阵列配备了更多的接收/发射单元。

从外形看，052D 型舰的雷达换用新型平板外罩，天线形状趋近正方形，给人的第一感觉就是天线面积整整大了一圈。这表明中国海军已发展出配合主动数字化相控阵雷达的液冷系统（在天线内部实施冷却），其冷却能力较强，能确保 T/R 组件在常温和较为恶劣的海况下正常工作。因此，346A 相控阵雷达的发射功率和持续工作时间得到了很大提高。

同时，052D 型舰装备有 1 部 571B 二维远程对空警戒雷达、1 部 364 型（SR-64）二维对空/对海搜索雷达，还配备了最新的舰艇作战指挥系统和三军通用联合作战数据系统，编队作战指挥能力、三军联合作战指挥效能有了进一步提高。

052C 型舰——长春号导弹驱逐舰

多变化的垂直发射系统

同052C型舰只能发射防空导弹的圆形垂直发射系统相比，052D型舰换装了新型的矩形垂直发射系统。该系统由发射模块、储运发射筒、配电装置三大部件组成。发射模块由发射架体和发火控制单元组成，每个方形垂直发射模块共有8个隔舱，由一个发火控制单元控制，能同时控制4枚不同类型导弹发射，具备快速自检、测试与"热发射"功能。目前，052D型舰舰桥前方的前甲板、直升机库前方分别布置了32个发射模块，全舰共有64个发射模块。

新型垂直发射系统的特点之一是"冷热共架"。储运发射筒分为两种，一种是独立式自排导储运发射筒（热发射），另一种是冷发射储运发射筒（冷发射）；新型垂直发射系统可根据需要，灵活安装"热发射筒"或"冷发射筒"，解决了各型导弹装载兼容性的问题。此外，052D型舰新型垂直发射系统的每个发射筒都是独立存在的，任何一个发射筒出故障都不会影响其他。发射筒具备装

052D型舰垂直发射系统（供图/郑国祥）

填多枚导弹的能力，每个单元选择容纳 1 ~ 4 枚导弹，装弹量可根据作战模式灵活选择，能够完成防空、反舰、反潜和对陆打击等多种导弹（含火箭助飞鱼雷）的垂直储存和发射任务，并可在任务计划阶段就能根据需要选择装填足量的导弹种类和型号。例如，在全防空模式下，052D 型舰的 48 个垂直发射单元可装载 48 枚"海红旗"9B 远程防空导弹；在标准防空模式下，可以分别使用 32 个单元、16 个单元装载 32 枚远程防空导弹和 64 枚中程防空导弹。

火力全开的多种武器

从火力配置看，052D 型舰侧重防空，兼顾反潜和反舰及对陆攻击，既可以利用相控阵雷达作为预警系统，撑起区域防空"保护伞"，并和多种舰艇形成有机搭配，也可以自己组成编队；既可用于近海，也能满足中、远海行动的需要。其新型垂直发射系统不仅能发射射程达 180 千米的改进型"海红旗"9B 舰空导弹，还可以发射国产"鹰击"18A 反舰巡航导弹——最大射程达 600 千米，比美国的"战斧"导弹还多 100 多千米，综合性能非常强劲。

"鹰击"18A 反舰巡航导弹

为了强化海上防空能力,052D型舰在舰后部直升机机库上方增加了一个24单元"红旗-10"近程防空导弹发射架。该导弹武器系统射程5千米左右,其速度高、质量轻、反应快、制导精度高,具备多发齐射能力,可有效拦截各种类型的超声速反舰导弹和战机,能有效应对海上、空中和陆地发动的对舰艇的攻击。

052D型舰还配置2套7424型三联装鱼雷发射器、2门730型近防炮、1座726-4型18管干扰弹发射器(用于"软杀伤"来袭导弹)以及1架反潜直升机。

在防空作战模式下,052D型舰在346A型相控阵雷达的指控下,具备海上中段反导防御能力,"海红旗"9B舰空导弹与"海红旗-10"近程导弹、730型近防炮一起,组成了稳固的梯次反导拦截火力网。

052D型舰还装备有新型单管130毫米舰炮。该炮采用液冷炮管、70倍径炮身,全炮质量达40吨左右,全自动装填,最高射速达30发/分钟,可发射榴弹、爆破弹、炮射导弹、火箭滑翔制导炮弹。该炮发射普通弹时最大射程30千米,发射制导增程炮弹时射程超过100千米,这使中国海军首次具备了舰炮精确打击能力,可有效提高舰炮对陆打击效能,尤其对于登陆作战中的火力支援任务有很大帮助。

·052D型舰——太原号导弹驱逐舰

建造最多的主力舰

从整体技术水平看，052D型舰是中国国产舰艇建造厚积薄发的成果，它在大型化、隐形化、信息化等方面都有明显进步，性能与中国海军之前的各型主力舰艇相比有了较大飞跃，所使用的装备和技术国产化率非常高，体现了我们飞速进步的科研实力。

正因如此，052D型舰打破了过去多型驱逐舰的小批量建造模式，定型以后大批建造列装。052D型首舰昆明号于2012年8月在江南造船厂下水。截至2023年，中国已建成服役25艘052D型导弹驱逐舰。这意味着052D型舰已成为目前中国海军服役数量最多的主力导弹驱逐舰。

随着武器装备的不断进步，不同批次建造的052D型舰也在不断进行技术升级。例如，根据直-20海军舰载直升机起降要求，第三批建造的12艘052D型舰加长了尾部的直升机起降甲板，全舰长度增加了约4米，国内军事爱好者因此称之为"052D加长版"。

在整体设计水平、舰载数字化相控阵雷达性能、作战系统与垂直发射系列等各方面，052D型舰均充分体现了中国海军"平台通用化、装备模块化"的设计思路，必然成为守护中国海疆的中坚力量。数十艘052D型舰的服役列装，不仅会在黄海、东海、台海、南海发挥重大作用，还将有力支撑中国海军走向更深、更远的海洋。

演绎海上狂飙
—— "野马"气垫登陆艇

文/陈曦

2020年11月17日,中国海军进行了两栖登陆演习,其中最大的亮点是欧洲"野牛"气垫登陆舰与中国国产的726A型"野马"气垫登陆艇进行了抢滩登陆,这两款气垫船均将96式坦克运输上岸。其中欧洲"野牛"气垫登陆艇吨位世界领先,本身具备完整的火力支援、两栖运输能力,整体性能在世界上非常亮眼。相比之下,国产726A型"野马"式登陆艇虽然吨位较小,但作为通用型登陆艇,可由071与075型登陆舰携带,运载各型装甲车辆与人员进行登陆,体系作战能力更加强大。这些性能堪称世界顶级的气垫登陆工具,已经成为中国海军强大的快速两栖作战平台。

12.7毫米机枪
新型坦克
救生艇
气垫围裙
艉门/跳板
海事卫星天线

"野马"气垫登陆艇小档案

排水量	约 150 吨
最大装载质量	约 60 吨
平均冲击速度	50 节 (1 节 =1.825 千米 / 时)
最高时速	80 节

726A 型 "野马" 气垫登陆艇示意图

欧洲"野牛"和海上"野马"各司其职

"野牛"和"野马"这两种气垫船虽然都是快速登陆工具,但完全代表着两种登陆作战思想,彼此也不能互相替代。"野牛"气垫登陆艇为中国海军从俄罗斯引进,原系苏联1232.2大型高速气垫登陆艇,承担"由岸到岸"高速输送任务。主要针对重装备上陆要求,给先遣队输送坦克、火炮、步兵战车等重装备。而其中"由岸到岸"输送任务,是直接由驻泊地的两栖部队上船点出发,经过海上航渡,直接冲击敌方滩头,中间不会经过任何兵力和登陆工具换乘。这种登陆方式专门针对航渡时间较短的登陆作战,对于中国海军而言,最典型的就是跨越海峡、登岛的统一作战。

相比于欧洲"野牛"，726A型"野马"式登陆艇是中国自主研制的新型中型气垫船，虽然吨位较小，但作为通用登陆艇，其可由075型两栖攻击舰与071型船坞登陆舰携带，运载各型装甲车辆、火炮与人员进行登陆。这种登陆艇承担"由舰到岸"的高速输送任务，其出发位置为大型登陆舰的坞舱。需要运载的兵员、车辆、炮兵装备或其他物资，由登陆舰的人员舱、车辆舱和其他专门舱室进行运出，随后进入后部坞舱后进行换乘，上登陆艇。

气垫登陆艇目标小、速度快，可代替大型登陆舰进行快速冲击。气垫登陆艇从大型登陆舰尾门出发，在海上编队后，实施泛水登陆，最终直接冲击滩头。由于"野马"气垫登陆艇由大型的075型两栖攻击舰与071型船坞登陆舰携带，不仅可在中国近海和周边活动，还可前往远海，甚至跨越洲际实施作战行动。与传统的登陆方式相比，不仅可以大大减少从海上冲上滩头的时间，而且可以在很多一般被认为不适合登陆的海岸实施登陆，例如泥沼、浅滩等——全世界90%的海岸均适合气垫船实施登陆。因此，"野马"气垫登陆艇可全面适应近海和远洋登陆作战。

·"野牛"气垫登陆舰冲滩，释放两栖步战车场景

·"野马"气垫登陆艇承担"由舰到岸"的高速输送任务

驮着坦克抢滩登陆

"野马"气垫登陆艇的排水量约为150吨,整体采用经典的运输气垫艇布局。前后部沿中线布置前门和尾门,中部为宽敞的运输空间。发动机、主轴、驾驶舱等设备设施,全部分布在艇的两侧。这样的布局,为大型装甲车辆和大量物资上下气垫登陆艇提供了巨大便利。

"野马"气垫登陆艇可搭载陆战队员和步兵战车或坦克等装备

"野马"气垫登陆艇最大装载质量约60吨,而且中部空间非常宽敞,能够输送所有型号重型装甲装备。它可搭载一辆99A、99式或96A式坦克,或1门各型号履带式加榴炮,或2辆各型号步兵战车。这对于跨海登陆以及远离本土的海外作战都是十分重要的。在人员运载方面,一艘"野马"登陆艇可搭载近一个连的陆战队员。若搭载一辆步兵战车,那么它还能再容纳四十名全副武装的步兵。

气垫设计不惧复杂地形

"野马"气垫登陆艇拥有强大的突击输送能力,这是由气垫船的特别构型决定的。其利用表面效应原理,依靠底部空气压力高于大气压的效应，在船体与支撑面（也就是水面或地面）间，形成一层致密的气垫，让部分或全部船体垫升把船体托起，减少船体在航行过程中遇到的阻力。其平均冲击速度高于 50 节（1 节 =1.825 千米 / 时），最高时速可达 80 节。由此，气垫艇在许多复杂海岸（滩头人工障碍或天然礁石，甚至沙滩、沼泽地和雪原）条件下，也可以有效行动，凭借超强的跨越障碍能力保证其自身毫发无损。

动力强劲任其海上驰骋

"野马"气垫登陆艇还具有强大的动力系统。在研制之初，"野马"采用了进口的乌克兰"曙光"机械联合体 UGT6000 燃气轮机作为动力系统，初步解决了该艇缺乏合适发动机的问题，并定型为 726 型。但在实际使用中发现该发动机存在低频振动强烈以及噪声大等问题，导致艇内工作环境恶劣。因此，2017 年 2 月，中国航空工业集团在"太行"航空涡扇发动机的基础上，研发出 QC-70 国产小型船用燃气轮机。换发后的改进型号定为 726A 型。更换国产发动机后，根治了"野马"登陆艇长期存在的"心脏病"问题，不仅加强了该艇的动力供应和航行能力，而且为该型登陆艇的批量生产提供了保障。"野马"气垫登陆艇整体布局与国际上的主流气垫登陆艇非常类似。气垫艇左右两舷边各设置有一个主机舱，内有燃气轮机、排烟管、传动散热装置等。在左右两舷后部，还设置了离心式垫升风扇舱。这些设备直接联通艇左右尾部动力风扇和变距螺旋桨。726A 型艇艏左侧是驾驶舱，而艇艏右侧是艇上工作生活舱室，可容纳 5~6 名艇员。这样，主要的生活作业区都在艇艏两舷。艇内中间是运载甲板通道及停泊区域，用于输送载荷货物。为保障运输能力，该艇燃油舱也被设置在首尾甲板下方，避免占用太多甲板空间。

726A型气垫登陆艇是初代小型气垫登陆艇724型的后继型号，拥有强大的突击输送能力，专门与075型两栖攻击舰、071型船坞登陆舰协同作战。国产071型船坞登陆舰可以在4级海况下，实施浮沉作业，使坞舱内进入的海水到达规定深度，方便726A型气垫登陆艇等载具快速进出坞舱。在大型登陆舰内部进行人员、装备换乘后，"野马"登陆艇可进行"超地平线登陆"。具体来说就是，在开始阶段，大型两栖舰只将停留在滩头水天线左右的位置，距离滩头30~50千米

"野马"气垫登陆艇在海中高速行驶

· 美国 LCAC 型气垫登陆艇

的海域。在人员、装备进行换乘后,剩下的登陆作业都将会由"野马"气垫登陆艇来完成,最终的冲击时间只需要 30~60 分钟而已。在跨海峡强攻作战中,"野马"气垫登陆艇可在敌方无法预料的时段和地点上,实施快速登陆,出其不意、攻其不备。在其他地区诸如南海岛礁、东海岛屿区域,"野马"可实施无码头的后勤补给;也可用于浅滩、滩涂岛屿间交通运输、巡逻警戒、抢险救灾等其他勤务。"野马"气垫登陆艇是相当理想的登陆作战运输装备。

726A 型气垫登陆艇在世界上也是非常先进的装备。该艇与美国 LCAC 型气垫登陆艇基本对标,但尺寸规格更大。LCAC 型标准排水量 87.2 吨,最大航速 40 节,以 35 节航速航行时续航力达 300 海里

（1 海里 =1.852 千米），可运输 1 辆主战坦克或 150 名士兵。显然，726A 型气垫登陆艇在性能方面完全不输美国海军同类装备，属世界顶级水平。未来，随着 075 型两栖攻击舰与 071 型船坞登陆舰持续批量入役，"野马"气垫登陆艇必将大量装备，成为维护祖国统一、维护海洋权益与海外利益的重要装备！

· 携带 724 型小型气垫登陆艇的 071 型船坞登陆舰

第二章 中流砥柱的力量：中国陆军武器装备

中国陆军已经成为世界上规模最大的常规军队之一，是保卫国家领土完整的主力军，具备快速机动能力，能够迅速应对各类威胁。其装备包括坦克、装甲车、火炮等现代化武器装备，具备较强的火力和防护能力。

本章将对中国陆军装备的代表性作战武器进行介绍。

树梢上的阴影杀手
——中国直-10型武装直升机

文/陈曦 绘图/骆玫

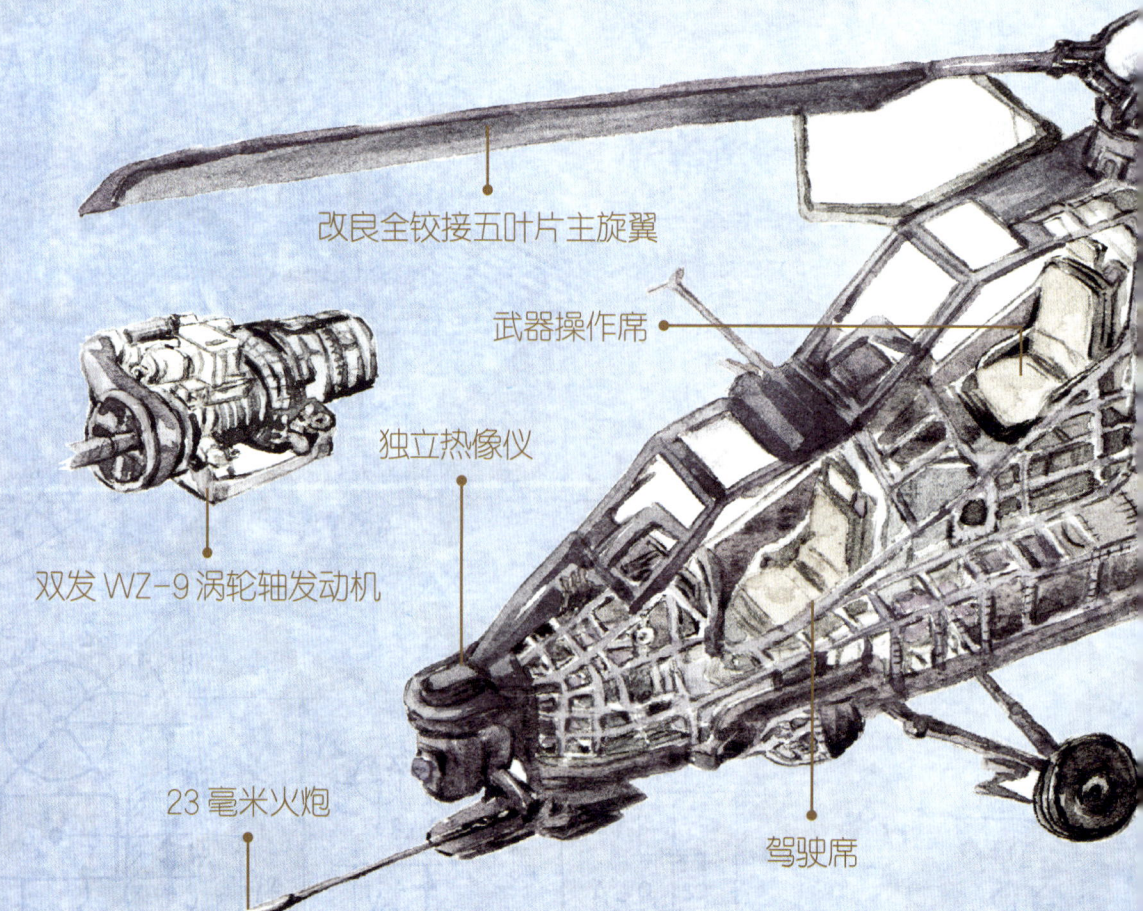

改良全铰接五叶片主旋翼

武器操作席

独立热像仪

双发 WZ-9 涡轮轴发动机

驾驶席

23 毫米火炮

第二章｜中流砥柱的力量：中国陆军武器装备 55

直-10型武装直升机，是中国人民解放军第一种专业武装直升机和亚洲各国第一种自研专业武装直升机。它结束了中国陆军航空兵长期依赖法国海豚直升机的改型兼当武装直升机的历史，大大提高了中国陆军航空兵的航空突击与反装甲能力。这种武装直升机的出现，是中国航空工业和人民军队现代化建设过程中取得的重要成就，填补了多个方面的空白。

四叶片尾旋翼

红箭-10反坦克导弹或天燕-90空对空导弹

57毫米、90毫米多管火箭发射器

中国直-10型武装直升机小档案

气动布局	单旋翼
发动机数量	双发
飞行速度	亚音速
最大飞行速度	270千米/时
最大航程	800千米

·直-10型武装直升机结构及主要武器示意图

空中坦克——武装直升机

　　武装直升机是一种广泛装备的现代化兵器。大部分国家选择把它编列在陆军航空兵中，也有部分编列在海军或空军航空兵内。这种独特的航空装备活动在低空或超低空空域，即在大型防空导弹和雷达装备的盲区内活动，也就是所谓的"树梢高度"，同时其也拥有地面平台难以匹敌的机动性和灵活性。在陆地战场上，武装直升机的打击目标包括坦克等重型装甲目标、普通机动目标、工事、有生力量、敌军直升机等类型，而其中打击对象中最重要也是最困难的，就是敌军重型装甲目标和直升机。因此，武装直升机在军械和火控系统上，最高目标就是能够打击敌坦克和直升机这些高价值目标。

　　一般而言，武装直升机相比普通直升机，其必须拥有相对更强大的机动能力，机体结构也更坚固紧凑，同时部分重点部位需要装甲。更重要的是拥有非常全面的武器装备和火控系统，武器装备上拥有反坦克导弹、航空火箭炮（火箭巢）和航炮，火控系统上拥有小型雷达、激光测距机、红外成像仪、白光摄像机等。

崎岖坎坷的升级之路

直-10 型武装直升机最大质量在 7 吨左右，弹药搭载量为 1~2 吨。其转场航程高于 800 千米，最大速度接近 300 千米/时，属于中型武装直升机。

中国陆军航空兵在 20 世纪 80 年代初订购了一批由法国研制的小羚羊型武装直升机，用于取代云雀Ⅱ型直升机，但由于过于轻量化（空重不到 1 吨）导致其战斗力很低。之后作为武装直升机装备的是直-9W 型和直-9WA 型。直-9W 型武装直升机在基型上加强了装甲防护，驾驶舱顶部安装有红箭-8 反坦克导弹的观瞄制导装置。机身内取消后排座位，改为武器挂架的承力结构，机身两侧挂架共可携带 8 枚红箭-8L 反坦克导弹，也可以挂载 57-1 型 57 毫米火箭弹发射器或 90-1 型 90 毫米火箭弹发射器。直-9WA 型则是直-9W 型的升级版，该型机换装了不穿透机舱的弯梁式挂梁，与老型号的"扁担"式挂梁相比，具有挂弹多、拆卸方便的优点。直-9WA 型具有夜战能力，驾驶员配备有夜视头盔。机头下部安装了新的传感器转塔，配有白光、热成像、激光等多个探测设备。其机头罩采用新颖的滑道式代替传统的铰链式开启方式，使机头罩打开角度更大，提高了空间的利用率。另外，该型机在机头罩气动、结构、驾驶员视界等限制范围内满足了昼夜观瞄装置的转动范围要求。

堪称顶配的威风少侠

直-10型武装直升机战斗能力比直-9W/WA型强得多,更不用说小羚羊型武装直升机。因为它是专门设计和装备的武装直升机,平台性能有质的提升——其结构上强度高,关键部位装甲,正面能承受大口径机枪子弹射击,并且采用了一定的隐身设计,具有较小的雷达散射截面。直-10型武装直升机座舱为串联式双座布局,前、后舱分别为负责操纵直升机和武装系统的驾驶舱,两舱各自独立,当遭到敌火命中时,不容易同时波及两个座舱。顶部还设置一具五叶片主旋翼,螺旋桨为改良全铰接旋翼,旋转方向是异于西方直升机的顺时针方向,尾旋翼则为类似于美国AH-64型阿帕奇武装直升机的四叶片设计。直-10的纵列座舱设计,外形上与意大利A-129型猫鼬武装直升机非常类似,前座为驾驶席,后座为武器操作员。机体与两侧武器短翼之间,以翼身融合方式设计,过渡平滑,气动阻力也低。

直-10型武装直升机,装备2个各自独立的旋转塔,机鼻上方为飞行员使用的独立热像仪,而机鼻中央的旋转塔很大,左右各有一组光电观测窗口,设置有红外热像仪、激光测距仪、电视摄影机等装备,供反坦克导弹、火箭炮和航炮火控之用。机身内部的航空电子设备配置也相当先进,座舱内大量使用液晶显示器替代传统仪表,并采用了先进的"玻璃化"设计。此外,飞控系统也十分先进,拥有北斗等多系统导航设备,配备多套高速数据链和通信系统,信息处理能力强大。

直升机飞行员头盔为武器显示和火控瞄准随动系统,航炮、空对空导弹、反坦克导弹等武器的火控系统可直接交联到头盔上,武器瞄准基线与头盔随动。

直-10型武装直升机可搭载红箭-8系列空射反坦克导弹、7联装火箭巢或32联装火箭巢、空对空导弹等。

红箭-8系列空射反坦克导弹可打击重型装甲单位,比如坦克,更可打击其他目标,比如舰船、岩洞、建筑物、工事、轻型装甲单位和有生力量等。其多种特种战斗部,可广泛针对多种目标。虽然飞行速度慢,但贵在先发制人,可抢先开火。所以,这种世界性广泛使用的趋势,是新型反坦克导弹必须适应的,也是武装直升机在使用反坦克导弹时必须拥有的能力。

直-10型武装直升机使用的火箭巢也是非常重要的战斗力。几种火箭弹可以迅速覆盖相当大的打击范围,其杀爆战斗部可迅速歼灭有生力量和轻型装甲单位,因此火箭弹也是武装直升机非常重要的武器。直升机在空中发射火箭弹有特别优势,其位置、角度和距离可以灵活调整,并且可以非常精确地设置射击阵位从而保证高精度。所以,当直升机齐射57毫米火箭炮时,威力就相当于地面使用122毫米火箭炮。

作为武装直升机,其中一个重要任务就是对空作战(打击敌方直升机)。这是其设计中极为重视的设计取向。直-10型武装直升机为直升机空战所特别设计,总体机动能力很高。另外,其使用空空导弹的能力也很强。

各国各具特色的武装直升机

世界上许多军事大国都装备有武装直升机,定位也各具特色。比如美俄两国都使用的重型武装直升机,其比中国直-10型武装直升机规格高、战斗力强,当然造价也昂贵很多,维护保障成本也很高。

美国陆军目前使用的AH-64阿帕奇武装直升机最大起飞质量10.4吨,在携带两个大型外挂油箱时,转场航程高达1900千米。俄罗斯的卡-50/52武装直升机,最大起飞质量10.8~11吨,转场航程达1100~1200千米;米-28型重型武装直升机,最大起飞质量11.2~11.4吨,转场航程1087千米。这些武装直升机以巨大的体量,承载更多弹药、油料,突击威力强、航程久,而且大量装备轻装甲,保护发动机和座舱等重要部位。

相比于国外的重型直升机，中国的武装直升机发展之路更偏向于全方位、多样化，在直-10型武装直升机服役后，直-19型武装直升机的出现也可以看作是对直-10型武装直升机的有效补充。直-19型武装直升机是与直-10型武装直升机配合使用的侦察机型，可以看作直-10型武装直升机和直-9W型武装直升机的结合产物，它的出现可以与直-10型武装直升机形成高低搭配，进一步增强中国军队的作战能力。而最新的直-20型直升机为10吨级中型通用直升机，于2013年首飞，2019年参加国庆阅兵。直-20型直升机为中国未来通用直升机装备的主力，可以真正为中国陆军"插上翅膀"，未来的舰载型直-20型直升机也将大大提升中国海军的战斗能力。

作为中国陆军航空兵第一种武装直升机，中国直-10型武装直升机的装备，相当于把强大的火力架到空中，迅速加强了中国陆军的空中突击和机动能力，也成为陆军轻型部队的王牌和核心力量。凭借这种强大的作战能力，直-10型武装直升机成为中国陆军新时期作战体系中的重要组成部分！

陆海空全能选手
——直-20型直升机

文/陈曦

直-20型直升机小档案

机身长度	20米
高	5.3米
最大飞行速度	300千米/时
最大航程	约800千米
最大起飞质量	10吨

直-20型直升机（代号"入云龙"、"神雕"-20）是中国最新一代战术通用直升机，将统一装备陆军、海军、空军等军种级单位。它将成为中国军队承担任务最多样、装备规模最庞大、使用最为广泛的有人驾驶直升机。

从直-9型到直-20型

目前,世界部分军事强国都拥有统一装备海陆空军的通用直升机型号,例如:美国SH-60"黑鹰"系列直升机的各种发展型,法国SA.365即"海豚"系列直升机的各种发展型。多军种装备一个系列的通用直升机,有助于扩大生产规模、降低生产成本,同时加强和便利航空器材储备及地勤、飞行员的训练培养,缩减部队装备使用、维修、保养、训练成本。

·直-9型直升机

中国是在广泛借鉴的基础上,逐步形成了有自己特色的一整套通用直升机装备建设理念与体系的。中国通用直升机建设之路始于20世纪70年代。经过考察,1980年中国签署合同,引进50架法国SA.356N/N1"海豚"直升机及阿赫耶1C发动机生产许可权。在此基础上逐渐形成直-9型直升机的完整生产能力。之后,直-9型直升机替代陆军、空军当时在用机型,并成为海军舰载直升机的主角,同时该机也是中国直升机发展史上最为重要的一个型号。

1984 年，中国又从美国引进功能更强大的"黑鹰"S-70 型通用直升机。该机虽为民用型号但属于中型直升机，最大起飞质量达到 9.2 吨，可外挂 3 吨以上货物，转场航程大于 500 千米。S-70 型直升机重点部署在青藏高原地区，尤其是地貌及气象条件复杂的西南雪域边陲，其服役 30 多年，一次次飞赴危险航线，不断创造飞行奇迹，在运输物资、雪灾救援中发挥了重要作用。例如：1995 年，西藏那曲发生 50 年罕见的特大雪灾，该机飞行 16 架次，在高原极为复杂的气象条件下，运输物资 3 吨，为 600 多名受灾群众解决了补给和救援问题。

在全面考察、调研和实践后，中国决定发展下一代通用直升机，以替代尺寸和性能有限、已跟不上时代和战术需求的轻型直升机直-9 型。

给直-20 型画个像

10 吨级中型直升机直-20 型 2013 年 12 月 23 日成功首飞。粗看上去，它与美国"黑鹰"外形非常相似，但其实"黑鹰"只是多个设计参考之一。除货舱高度、宽度更大，内部载货和装载人员能力更强外，直-20 型还在多个方面占据明显优势。

多系列全方位发展

直-20型直升机走的是"德智体美劳"多系列、全方位发展之路。除陆军系列版本、海军系列版本外,直-20型还拥有专用执法型号,可适配边防、消防、警卫等部门需求,执行救灾、抢险、搜救、消防、警备、缉私等任务。

陆军版本。直-20型直升机最基本的、也是量产后的第一个装备型号,为陆航运输型。其机舱内载运量、主吊挂接口外挂最大载重质

第二章 | 中流砥柱的力量：中国陆军武器装备 67

尾梁

发动机：采用常规布局、双涡轴 10 发动机设计，发动机单台额定功率为 1600 千瓦，这是更强载荷能力的根本保障。

机体：采用复合材料，尤其是斜梁首次以国产 T800 型高强度碳纤维制造，在保障机体坚固的基础上，可大大减轻重量。

旋翼：采用五叶设计，在机动性、油耗、噪声等方面都有优化。尤其是设计了先进的除冰系统，适应高寒地带长期使用，可有效避免出现因旋翼结冰而造成的飞行事故。

机舱：玻璃驾驶舱内，5 个多功能液晶显示器替代传统的指针仪表；作为中国首款采用电传飞行控制直升机，其操作灵活性、精密度、便利性更有保障。

自卫：机身两侧装有雷达照射预警接收机和导弹逼近预警器，能够迅速探测到地方攻击；设置 4 个箔条 / 曳光弹发射器，可进行被动无线电和光学对抗，全方位覆盖、无盲区，保护自身安全。

量均超过 4 吨，可吊挂轻型突击车、轻型榴弹炮、迫击炮等装备。机舱内能容纳 12 名全副武装的机降步兵，也可以减少乘员，换为携带大量加强火器，例如反坦克导弹、便携防空导弹、重型火箭筒、地雷和扫雷器材、喷火武器等。其左右两侧舱门开口极大，可架设舱门机枪，并便于进行快速滑索机降等作业。

在此基础上发展而来的陆航突击型，是最新出现的子型号。其机身两侧增加了短翼，可携带 8 枚反坦克导弹，或携带 2 部以上的火箭巢。该型号有许多细节改型，能满足火力掩护和突击运输等任务要求。例如：与武装直升机配合，能以强火力压制地面残留的敌部队，有效掩护特种兵快速机降作战。

海军版本。直-20型直升机还有多个海军型号，与陆军版本相比，其最大特点是重要部件具有防潮湿、防高盐环境、抗腐蚀能力。以海军运输型和突击型为例，其机头外形更加圆润、空间更大，可安装体积更大的气象雷达；将陆航型机头下方多频段扫描设备换成防撞激光雷达，主起落架减震支柱增加护罩，机身增加可充气式减震气囊，尾梁和尾桨可折叠以缩短机身长度，等等。这些都是直升机在海上起降以及减少在舰船上占用空间所必备的配套装备。

·轻型榴弹炮

·反坦克导弹

直-20 型海军版本中最重要的是反潜巡逻型,这种专用机型需要大量特别设计,以适配驱逐舰、护卫舰完成复杂的反潜作战任务。为此,该型号机头安装有大尺寸搜水雷达,可迅速搜索水面目标,也可精确发现目标极小的潜望镜;机身及尾部两侧均装备磁异探测器,可确认浅水区的潜艇目标;机舱内装载投放式声呐浮标,并在左侧设置大量投放口;机身两侧标配短型武器挂架,包括鱼雷或其他武器挂载接口;机身腹部,留有专用的吊放式声呐舱口。

由于直-20 型拥有足够大的内部空间和载荷能力,其单架直升机就有足够潜力设置投放式声呐浮标、吊放式声呐和鱼雷等武器。该机型的这些设计与装备,解决了目前使用的直-9 型和卡-28 型两款舰载直升机存在的诸多不足,例如:起飞质量过小、滞空时间短、搜索能力有限(尤其是搜潜用声呐浮标携带量太少)、飞行速度有限、机电设备和显控设备落后等,大幅提升了海军舰船反潜作战能力。

直-20 型直升机是中国直升机工业发展的里程碑,未来将成为中国人民解放军最重要、装备最普及的直升机型号。这种世界顶级性能直升机,更是"中国制造"的杰出代表,是中国综合国力大发展的最好体现之一。

高原山地的开路先锋——中国15式轻型坦克

文/陈曦 绘图/飞飞

复合间隙装甲
提高坦克的防护性能

激光报警器
应对激光瞄准以及制导的反坦克武器

第二章 | 中流砥柱的力量：中国陆军武器装备

遥控武器站

包括一挺12.7毫米高射机枪和一座35毫米自动榴弹发射器，乘具在炮塔内就可遥控瞄准发射，有效降低伤亡

105毫米线膛主炮

使用新型钨合金全尾翼脱壳装甲弹，可击毁三代主战坦克，且使用自动装弹机，装填速度快

火控观瞄系统

具有夜视能力，提高昼夜射击精度

正面装甲层

作战时加装爆炸反应装甲，提高防御力

中国 15 式轻型坦克小档案

质量	33 吨
最大行驶速度	70 千米/时
作战范围	450 千米
主炮	105 毫米线膛炮
主炮备弹	38 发

· ZTQ-15 式轻型坦克武器装备示意图

更轻，更快，更强

15式轻型坦克其全重与老式的59式坦克相当，而火力、机动力和防护力更强，遂行"一线火力突击"，又被外界称为"轻量化主战坦克"。可以说，"多方均衡、机动优先"正是15式轻型坦克的最佳概括。

中国人民革命军事博物馆展出的59式坦克

15式轻型坦克外形紧凑、重量轻，其设计目的就是保证部队的装甲突击力量在高原山地、丘陵丛林、江南水网、岛屿水际等复杂地形纵横捭阖、驰骋疆场。对于复杂地形，敌军坦克上不去，而中国坦克上得去，这就是压倒性的优势。

15式轻型坦克安装动力采用了新一代132系列（132代表气缸直径）8缸V型液冷式柴油机，正常输出功率900马力（662千瓦）。132系列坦克动力使用两级涡轮顺序增压，平原地区只使用一级涡轮增压，时速可以达到70千米，在高海拔地区同时开启一级和二级涡轮增压，用更高的压比来适应低氧环境，时速可以达到60千米。

　　此外,它的发动机功重比(功重比是衡量引擎实际性能的指标,比值越大引擎的动力性能越好)至少高达 28.6,大大超过 99 型坦克的 23.5,更远远超过 96A 型的 17.8。这种澎湃的动力,赋予 15 式轻型坦克飞天狂飙般的速度。

　　为了保证机动能力,15 式轻型坦克还应用了基于扭杆悬挂系统的半主动控制技术,采用了可控叶片减振器。该装置提供的是突出的非线性弹性特性,加强了悬挂减震性能,为负重轮提供较大的跳动行程和适当的阻尼力,吸收和耗散地形造成的冲击。这种设计大大降低了坦克行驶时带来的冲击震动,使得坦克能保持均匀的速度和状态,也有利于延长车体结构寿命。

　　而液气悬挂装置能灵活调整车高,特别是通过调节前后两对负重轮的液气悬挂,来改变俯仰角度和车底距地面的高度,最大程度适应崎岖不平的地形,并尽最大力量方便火炮指向。

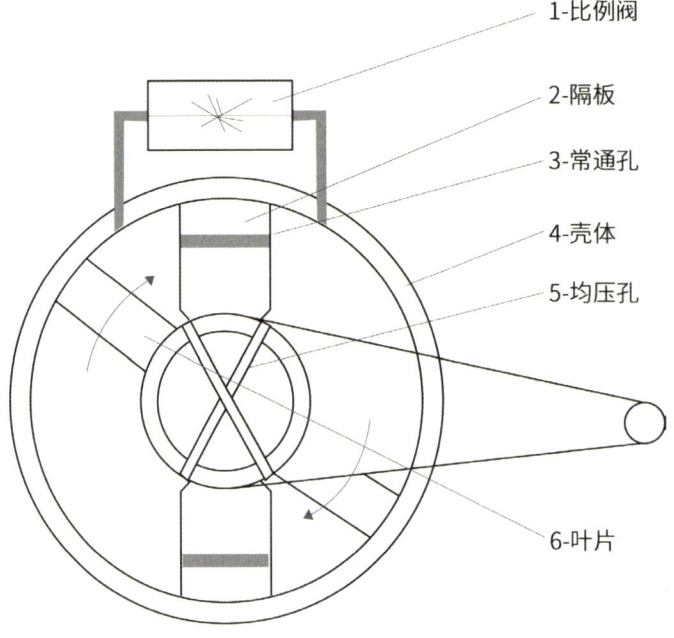

1-比例阀
2-隔板
3-常通孔
4-壳体
5-均压孔
6-叶片

·15 式轻型坦克采用的可控叶片减震器原理示意图

·15 式轻型坦克可用国产运 -20 运输机进行空中投送，协同攻防能力非常强大

15 式轻型坦克由于严格限制了重量和尺寸，完全能用国产运 -20 运输机进行空中投送。这对快速跨海峡投送，以及西南边境高速前出作战，都非常重要。质量小、尺寸小的 15 式轻型坦克也很适合铁路运输，方便装车，并通过桥梁、隧道。对于跨区域、远距离、大集群投送非常有利。最后，在公路坦克拖车运输、战场牵引，以及战地救护维修等各种作业中，也都显得极为便利。

选最对的而不是最贵的

15式轻型坦克装备口径为105毫米的线膛坦克炮，该火炮可装备尾翼稳定脱壳穿甲弹、聚能装药破甲弹、高爆榴弹、云爆弹、混凝土攻坚弹等，可击穿厚度1.5米的钢筋混凝土工事。另一优势是装备尾舱装弹机，大大提升了战斗射速，也保证了安全性和可靠性，不需要装填手在颠簸的坦克中手动装弹，避免了安全隐患。

目前世界上东方系统的125毫米坦克炮，以及西方系统的120毫米坦克炮，顶尖水平可用尾翼稳定脱壳穿甲弹击穿700~800毫米厚匀质装甲钢板；而次一级的坦克炮也能击穿500~600毫米厚匀质装甲钢板。15式轻型坦克的105毫米口径坦克炮，威力范围恰好在次一级的"500~600毫米"范围。这种威力等级，完全可以击穿世界中等水平主战坦克炮塔正面和车体

· 跃进中的T-90坦克

· 德国豹2A7（豹2A4/豹2A5的升级）主战坦克

正面装甲，包括俄国 T-90S、T-72 主战坦克，以及德国豹 -2A4 主战坦克、韩国 K-1A1 主战坦克等型号。

105 毫米口径炮不仅重量和体积小，便于装车，而且低后坐力方面的优势明显，更适应 15 式坦克 30 多吨的车重。能够把振动控制在较低水平上，从而保证精度；低后坐力对于车体结构冲击也小，有利于结构寿命。另外较短的炮管也利于维护和车辆运输。

· 105 毫米的线膛坦克炮身管膛孔特写

至尊豪华版的"精甲锐电"

15式轻型坦克轻则轻矣，但装甲并不薄弱。15式轻型坦克炮塔楔形斜面上可加挂解放军新型反应装甲 FY-4 或更先进的 FY-X。加挂附加装甲后，15式轻型坦克正面可以在正常交战距离内，防御来自第三代早期坦克的直接射击，也就是防御住早期 125 毫米、120 毫米，以及更早的 105 毫米坦克炮，并以超速尾翼稳定脱壳穿甲弹、破甲弹射击。

主装甲通过合理设计加上采用新型复合陶瓷材料，能抗击冷战中后期主要步兵反坦克导弹或火箭打击。另外，在轻而小的 15 式轻型坦克上还集成了大量豪华版附加配置，以实施各种主动防御和近距离自卫功能。装甲之外全维度提升防护能力，可拥有遥控武器站、车身

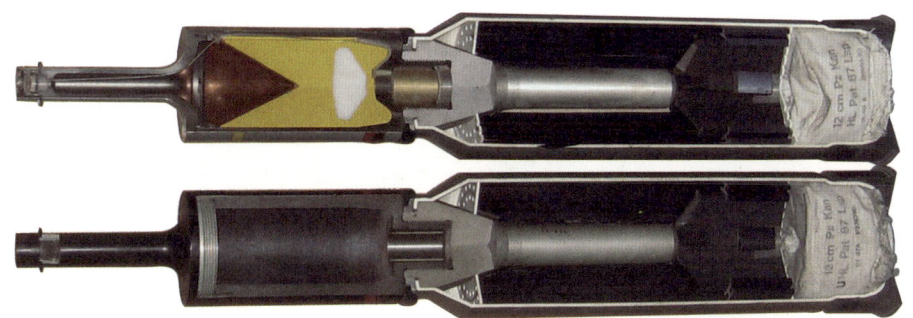

·德国 120 毫米 DM12 聚能装药破甲弹实物解剖图

360度全景环视、光电对抗和雷达告警系统,以及热烟幕联动防护系统,可在敌方毫米波雷达、测距仪、激光和红外制导方式进行照射时,有效加以发现,并自动发射热烟幕和烟雾弹进行干扰。

此外,在有步兵等轻小目标接近时,能及时发现并使用近距离武器实施压制。15式轻型坦克之所以能成为"轻量化主战坦克",很大程度上正是凭借其在防御能力上的巨大加分。

左右兼顾的观瞄火控系统

15式轻型坦克观瞄火控系统非常完善,与ZTZ-99、ZTZ-96A型主战坦克非常接近。在15式轻型坦克炮塔右侧,设置车长独立使用的集成观瞄系统,而左侧则为炮长集成观瞄系统。各个观瞄系统先进精密,集成白光、红外、微光以及激光测距等功能。其弹道计算机等配置构成复杂且功能不次于主战坦克的系统。15式轻型坦克具有良好的全天候作战能力,有"猎—歼"功能和强大的行进间"瞄准—射击"能力。可以和第3代早期和中期主战坦克,进行高水平对抗。

15式轻型坦克的最大优势在于车载系统的全数字化和信息化。其设置完整的C4ISR等多套高水平通信系统，增大坦克通信距离，提高通信抗干扰能力，在车际通信、数据链水平方面也都非常优异，能够适应信息化网络作战的要求。其态势感知能力强，清楚观察战场情况并获取捕捉信息，及时同步地向上级和友邻车辆、单位报告共享。其协同攻防能力非常强大。另外，15式轻型坦克还设有车辆综合电子管理系统（BMS），能够实现车辆状态监测、系统自检重构等重要智能化功能，非常有利于战车战斗力的生成和保持。

15式轻型坦克战斗力强大，其超强的机动能力和对抗主战坦克的能力，越发使之出类拔萃。其可在抗击强敌、征战沙漠戈壁、挺进高原边境、登陆海岛山地等作战中发挥自身独特而巨大的价值！

老式牵引炮"终结者"
——PCL-181型车载榴弹炮

文/陈曦 绘图/飞飞

驾驶室

驾驶室表面覆盖了装甲钢板，挡风玻璃为防弹玻璃，共可载员6人，副驾驶席炮长位装备有多功能触摸显示屏

PCL-181型车载榴弹炮小档案

搭载炮管口径	155毫米
最大射程	超70千米
最高行驶速度	100千米/时
加炮后质量	约25吨

·PCL-181型车载榴弹炮

第二章 | 中流砥柱的力量：中国陆军武器装备

> 火炮，被称为"战争之神"，是一种威力大、不需要近距离接触、拥有强劲投射火力的重要地面兵器。在火炮出现的几百年间，其在地面、海面和空中的各种博弈和军事对抗中均发挥至关重要的作用。时至今日，世界各军事强国依然在不断发展全新火炮武器。

备弹箱
PCL-181型车载榴弹炮弹箱两边各有30个备弹筒，分别装有弹头和药包

毫米波测速雷达
可测量炮弹的出膛速度，并反馈给炮长终端的火控计算机，用于修正下一发炮弹发射，进一步提高打击精度

手动瞄准操作战位
车载炮弹采用自动瞄准系统，仍设有作为辅助用的人工瞄准战位，包括一部独立的"瞄准线摆动式机械数码显示瞄准具"，可根据上级口令设定瞄准诸元

自动化控制系统
车侧设有多功能触摸显示屏，方便人员下车操作

军迷们期待的"最强卡车炮"

PCL-181 型车载榴弹炮是中国新型的 155 毫米口径主力间接瞄准火炮,被军迷亲切地称为"最强卡车炮"。该炮于中华人民共和国成立 70 周年阅兵式上首度公开亮相。

"PCL-181"是该炮的"产品名称",也就是军方正式称谓。其中各个字母都有含义——P 是炮,C 是车载,L 是轮式,取的都是汉语拼音首字母。而 181 的意思是 2018 年定型(技术定型或生产定型)。该炮作为集团军或师级主力火力支援单位,编列在集团军炮兵旅,甚至是旅级的炮兵营中。它与 PLZ-05 型履带式自行榴弹炮一起替代原有的 PL-66 式 152 毫米口径牵引式加农榴弹炮。

· PL-66 式 152 毫米口径牵引式加农榴弹炮

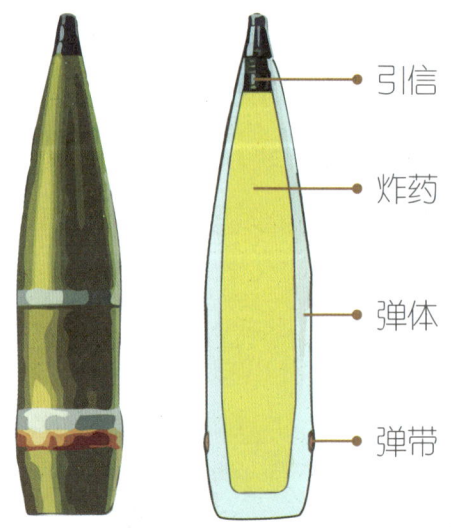

· PL-66 式 152 毫米口径牵引式加农榴弹炮炮弹结构图

引信
炸药
弹体
弹带

当之无愧的集团军级"网红炮"

为了撑起集团军级主力火炮的大旗,在火力方面,该炮采用52倍口径的长身管,口径为155毫米,可装备多种杀爆榴弹、末端敏感炸药、制导炮弹、发烟弹、火箭增程弹、全膛底部排气弹、复合增程弹、特种弹药等所有种类弹药。其中多种杀爆榴弹作为通用弹,可对付工事、有生力量(人员)、各种车辆等所有种类目标;全膛底部排气弹、复合增程弹,都是专门的远程弹药,可远距离实施炮战;末端敏感炸药用于精确打击各种车辆、舰艇等机动目标,而制导炮弹则用于更广泛的精确炮战,精确打击机动目标和固定工事。无论是在威力上还是用途上,该炮称得上主力火炮中的中流砥柱。

射程是集团军级主力火炮重要指标之一,因为在与敌方炮兵炮战时,射程远、弹道性能好,就意味着可以在任务中灵活选择炮阵地,无论炮击效果还是对火炮进行防护,都有巨大优势。该炮在使用普通炮弹时,最大射程为50千米,使用全膛底部排气加火箭助推复合增程炮弹时,最大射程超过70千米。这个射程指标在全世界名列前茅,高于德国PZH-2000型自行榴弹炮、俄罗斯2S35型火炮以及美国M-109A6型火炮。

·德国PZH-2000型自行榴弹炮

底盘虽小，功能俱全

PCL-181型车载榴弹炮底盘是卡车，又被称为"卡车炮"。该炮的底盘是6轮高机动越野卡车底盘。底盘仅重5吨，可谓非常紧凑，机动和牵引能力都很强。车头为"平头"，最大限度缩短车体长度，驾驶室正中顶部开设一个小凹槽，以容纳行军状态时的火炮炮身前端，尤其是制退器。车组六人组成炮兵班，可全员进入驾驶室，分两排乘坐。

PCL-181型车载榴弹炮整体质量20多吨。无论是铁路运输、空运、海运，还是战场故障或战损牵引，因为该炮更轻，因此其具有多种作业和全场合的机动能力。在硬地路面和公路上，PCL-181型车载榴弹炮速度可达100千米/时，与普通民用车辆差别不大。

这种机动和牵引能力上的总体优势，是PCL-181型车载榴弹炮的决定性优势之一。

这款火炮的自动化水平极高，全部火炮操作可以由单人完成。其火炮放列、收炮撤

离达到全自动化,装弹达到半自动化,整体操作非常方便。其车辆驾驶室和外部侧方,都有电气操作面板,可以迅速完成放列过程。这种以前需要大量炮班人员手工完成的作业,现在都使用机械化手段完成,不仅节省人力和时间,保证炮班人员体力需要,而且因为加快了放列速度,火炮生存能力也大大提高。

PCL-181型车载榴弹炮使用半自动装弹机,结构上比较简单可靠,但也在相当程度上满足主要需求——装填手只需要把炮弹选好,放在托举装置上,按下按钮,火炮就会自动把发射药和炮弹推送入炮膛内。可以说主要的装弹动作,由机械替代了人力,关键是不占地方、不撑体积、不增重量。该炮在武器设计方面,始终围绕核心任务进行研制。

据不完全统计,中国陆军至少成建制装备了两种车载榴弹炮,即PCL-09型122毫米车载榴弹炮和PCL-181型155毫米车载榴弹炮。其中PCL-09型由于比较轻便灵活,主要装备合成旅下属炮兵营,西部战区的山地作战部队已经开始大量装备和使用;而PCL-181型则主要装备集团军直属炮兵部队,用于提供远程火力支援。

·PCL-09型122毫米车载榴弹炮比较轻便灵活

当军事智能化遇到车载榴弹炮

PCL-181型车载榴弹炮安装有多个按钮的大型液晶显示屏、电子瞄准操作手柄以及摆动式机械数码显示瞄准具等。只要输入打击坐标，该炮便能够根据指挥所或其他平台提供的辅助信息，或射手输入的信息，如地理和气象信息（风速、风向、海拔高度、经纬度等），自动修偏、解算出射击诸元（射击诸元是指中长射程武器在射击时，需要在武器上装定的数据总称）。炮架上的俯仰和方向电机，可以根据终端生成并传输过来的电信号，在姿态传感器的帮助下，自动驱动火炮，快速完成射角和射向的调整。当然也可由瞄准手，通过电子瞄准操作手柄，操控火炮调整炮口高低和方向。为了安全起见，也可以通过操纵机械液压设备，例如液压摇柄式高低机和方向机进行瞄准。操作火炮的炮班战士，高度称赞该炮："指挥所把射击诸元发送到火炮终端上来，我们只需要操作终端进行确认，火炮就会自动调炮。"

·指挥所只需把射击诸元发送到火炮终端，战士在操作终端确认后，火炮就会自动调炮

PCL-181型车载榴弹炮安装大量先进信息化设备,包括战术数据链、数字电台等。可以通过信息化系统,通联上级指挥所,以及其他机动侦察平台,或者友邻单位。整个武器系统除了火炮,还包括指挥车、侦察车、气象雷达、侦校雷达等,这些都是重要的保障设备,在单位内通过信息化系统通联,分发各种数据十分迅速。而实战时,装备该炮的各种单位,将以炮校无人机、装甲侦察车、炮兵雷达和前观炮校分队,为火炮侦察和指示目标,让PCL-181型车载榴弹炮打得准、打得好。

PCL-181型车载榴弹炮是中国人民解放军重要的野战重炮之一,是准备广泛、大量装备的神兵利器。该炮与其他国家的卡车炮相比,各方面性能不遑多让。PCL-181型车载榴弹炮既是中国军工人、兵器人的骄傲,也必将是人民子弟兵最牢靠、最得力的战友!

战场上的全能帮手——"山猫"全地形轻型突击车

文/陈曦 绘图/飞飞

"山猫"全地形轻型突击车结构示意图

"山猫"全地形轻型突击车小档案

自身质量	1.7 吨
可装备质量	1.6 吨
高度	1.4 米
宽度	1.8 米
底盘高度	0.28 米

第二章 | 中流砥柱的力量：中国陆军武器装备

在 2017 年庆祝中国人民解放军建军 90 周年阅兵式上，一种小巧灵活的特殊载具首次出现，立时"技惊四座"，它的车身为船型，配备小直径轮胎，多轴驱动。虽然它在一群巨大装备中非常不起眼，但是行家一见，便知其先进性和独特性。它就是"山猫"全地形轻型突击车！

可搭载 122 榴弹炮、107 毫米火箭炮、防空导弹、反坦克导弹等，同时搭载人数达到班级规模

采用尾部螺旋桨，在水上保持相当快的速度

采用多轴联动设计，每个车轮都是主动轮，也就是全驱动构型，非常灵活，且动力十足，最大时速超过 60 千米

配备 MT（泥地胎）轮胎，抓地牢靠，且异常坚固。密集的车轮排布，使它的越野能力极强，不怕沙地、雪原、泥地等。所有车轮都能实现分两侧的正反转，类似于坦克 360 度原地掉头

车体外形独特，金属车身，能浮渡河流

小巧"山猫",能量巨大

"山猫"全地形车 8×8 款型,整备质量只有 1.7 吨,在全地形车中质量非常轻,就算满载,也不过 3 吨重。而且其外形尺寸小巧,长 3.9 米,宽 1.8 米,高度仅 1.4 米,比一般的坦克和装甲车要小得多,和一辆轻型汽车差不多。它可以实现用直升机运输装载,直接开入直升机货舱内。对应的直升机为直-8L宽体直升机及米-171直升机。当然,重型运输直升机也可运载"山猫"。这样一来,小巧的"山猫"可通过各种方式运输,提升战役级别、机动能力和快速反应能力,可大量装备并成建制、大规模向战场投送。

高度:1.4 米

底盘高度:0.28 米

宽度:1.8 米

·直升机载"山猫"示意图

强悍的"山猫",轻步兵的好助手

传统意义上,地面作战单位基本以执行特种作战任务的轻步兵为主,步兵需要携带很多武器装备,还需要携带粮食、通信设备、侦察器材等,负重特别大。而他们一旦离开运输机等,就只能徒步穿越,再携带这些物资穿越各种复杂地形,机动速度会受很大影响。

"山猫"全地形车装备于轻型部队或分队。"山猫"全地形车大量装备后,不再需要轻步兵大量负重。哪怕离开运输机、直升机、舰船,灵活、高效、小巧的"山猫"全地形车也可以跟随步兵去往任何地点。如"山猫"全地形车8×8款型,可运载6人,负重1吨以上,可携带各种步兵用武器装备、弹药、设备等,是步兵的好帮手,能大大提升轻步兵的机动能力和战斗力!

"山猫"部队,大显神威

"山猫"装载82毫米速射迫击炮

·2016年珠海航展上"山猫"装载107毫米36联装火箭炮系统

·2018年珠海展上VP4型"山猫"进行涉水机动展示

据不完全统计,近年来"山猫"全地形车变种、专用型款早已超过30种。中国兵器装备集团曾经在2018年的珠海航展上,搭建过一个集中展示平台,展示了"山猫"全地形车各种变型,以"成体系、成建制、系列化、型谱化"的方式,构建了整支"山猫"部队,也就是"全域机动部队"。这支部队包括10个下属分队,即指挥控制中心、侦察引导队、火力支援队、前沿攻击队、纵深攻击队、预备队、反装甲队、机降特战队、防空火力队、综合保障队。

"山猫"全地形车不仅是灵活高速、伴随步兵的忠实伙伴,更可以成为战场上的"百变"武器,成为用途数之不尽的多面手。它既是中国国防工业的辉煌成果,也是中国人民解放军强大战斗力的有力保障。

延伸阅读

中国人民解放军的地面兵力分3种,即:重型、中型和轻型。三者作战任务有很大差别,能力上各有所长,主要装备更是各具特色!

重型单位中,主要作战平台和部分保障平台都是履带式装甲车辆,如坦克、履带式步兵战车、履带式装甲运兵车等。

中型单位中,主要作战平台和部分保障平台都是轮式装甲车辆,如轮式自行突击炮、轮式装甲运兵车等。

轻型单位主要是陆军的山地部队、空中突击部队,以及空军的空降部队。"山猫"全地形车属于轻型单位,使用的主要平台是轮式高速车辆或轻型装甲车辆。

强悍的狙击成员
——QBU-191国产精准步枪

文/徐知 绘图/飞飞

枪口装置取消了喇叭鸟笼消焰器

采用浮置式枪管设计，枪管不与护木接触，有利于提高射击精度

貌似黑色的弹匣，在阳光下透明可视

第二章｜中流砥柱的力量：中国陆军武器装备

> 尽管枪械是历史最悠久的武器之一，但新一代国产枪械依旧引人关注。其中，QBU-191 新型国产精准步枪因其造型酷炫、设计独特，吸引了大批军事爱好者的目光。这款新型国产精准步枪的名称是什么意思？又有哪些新性能、新亮点呢？

新型光学高倍率瞄准镜可提供 3~8.6 倍可变缩放倍率

QBU-191 国产精准步枪小档案

口径	5.8 毫米
质量（满装备）	4.2 千克
射程	800 米
弹夹容量	30 发

· QBU-191 国产精准步枪结构示意图

更强悍的狙击家族新成员

根据中国人民解放军装备命名规则，第一个字母 Q 代表轻武器，第二个字母 B 代表步枪，第三个字母 U 代表武器装备的用途分类——狙击步枪。

从 20 世纪 80 年代开始，中国人民解放军步兵班新增了狙击步枪手的编制。以摩托化步兵连为例，每个连队都配备有狙击步枪手。中国人民解放军早期的狙击步枪手，主要使用 79/85 式狙击步枪（仿制苏联德拉贡诺夫 SVD 半自动狙击步枪），在换装以 95 式枪族为代表的小口径枪械后，中国人民解放军狙击步枪手又换装了 QBU-88 狙击步枪。

而最新列装的 QBU-191 新型国产精准步枪，在设计上远胜于上一代 QBU-88 狙击步枪：

从枪管和脚架的设计来看，QBU-191 采用了国际高精度狙击步枪的浮置式枪管设计，枪管不与护木（位于枪管下方）接触，这样可以减少共振干扰，提高射击精度；脚架同样安装在护木上，射击精度所受的影响要比 QBU-88 小很多。

从枪管材质看，QBU-191 使用高精度冷锻（在室温下进行的锻造工艺）枪管，并做了加长、加重设计，枪管长度达 500 毫米，配备加长型铝合金 M-LOK 护木，射击时枪管的形变量和震动幅度会减小，枪口跳动轻微，后坐力小，这是更远射程和更高射击精度的保障。同时，枪口装置取消了喇叭鸟笼消焰器，膛线部分打磨向内收口，避免

·QBU-191 国产精准步枪、自动步枪、短自动步枪对比图（绘图 / 飞飞）

磕碰损坏膛线，破坏子弹出膛瞬间的一致性。

从瞄具看，QBU-191 基本实现了装备全部配套瞄具，例如新型光学高倍率瞄准镜可提供 3~8.6 倍可变缩放倍率，与 QBU-88 的瞄具相比，缩放倍率更大，能为射手提供更远、更清晰的视野，也意味着 QBU-191 具有名副其实的中远交战距离。

此外，它还拥有夜视距离达 300 米的夜间微光瞄具，以及各种型号、功能的瞄准镜、夜视仪、消音器等。瞄具搭载在枪身上端的皮卡汀尼导轨（安装在轻武器上的标准化附件安装平台）之上，可根据战时需要随时更换多种观瞄器械和战术手电等，提高对 400 ~ 800 米目标的射击精度。

从射击精度上看，QBU-191有效解决了QBU-88首发离群、远距离精度低的问题。西藏军区某旅曾组织官兵使用QBU-191进行实弹射击，大家每次扣动扳机后几乎"弹无虚发"，说明这款新型步枪的精度极佳。

更猛烈的火力支撑

QBU-191国产精准步枪的火力设计，借鉴了外国精确射手步枪的概念。在西方国家的军队中，精确射手步枪实际是提高了射击性能的重枪管型自动步枪，主要用于装备步兵班，一般配备1～2支，由班组内枪法最优秀的步枪手使用，旨在为班、排一级的步兵分队提供中距离精确打击火力。

QBU-191的有效射程达800米，与步兵班装备的班用机枪射程大致相仿，它同时保留了全自动射击能力，采用30发标准的步枪弹匣，与自动步枪一样拥有单发和连发射击功能，具备一定的火力持续性。而对于800米外的目标，QBU-191的射击精度则远高于自动步枪和班用机枪，即拥有重型枪管的它，单发精确射击时是狙击步枪，连发点射时就是重步枪式轻机枪，可作为压制火力使用。这是许多国外精确射手步枪不具备的，反映了中国独特的研发理念。

QBU-191国产精准步枪在设计之初，就落实了枪族化、模块化理念，它与QBZ-191/192自动步枪等步兵班里各种武器都是同一枪族成员，基本实现除了枪管、导气组件外所有模块通用，可以像变形金刚一样，按不同作战需求选用不同的模块，真正实现"一枪多用"。

特别是在战场上，如果其机匣出了故障，把枪管拆下来再找一个普通步枪的机匣拼装上，就又能作战了。这对高价值武器修复的意义非常大，后勤供给上也非常方便，毕竟所有武器都是同模块的。

QBU-191国产精准步枪的另一个优势体现在弹药上。它不仅可以使用步兵班QBZ-191/192自动步枪的5.8毫米枪弹，也可以使用新型班用轻机枪的5.8毫米机枪弹，或5.8毫米高精度狙击弹，可以说是"既不挑粮又不挑碗"。更绝的是，它的弹匣可以在班用机枪上使用；反之，班用机枪的弹鼓也可以安装在它的上面。这对于强化步兵班的火力支撑，具有重要意义。

作为步兵班火力的延伸，装备了QBU-191国产精准步枪的射手，可以与敌人在短距离面对面射击，也能够在一般步兵无法命中的中长距离压制敌人，精准消灭敌方的重火力操作手、驾驶员，压制或消灭掩体后的敌有生力量。

从左到右分别是国产5.8毫米微声冲锋枪，95-1式5.8毫米自动步枪，95式5.8毫米轻机枪，88式5.8毫米狙击步枪

更出色的人机结合

相比中国人民解放军以往列装的轻武器，QBU-191国产精准步枪外观紧凑美观，人机功效显著提升，在适用性、通用性、易用性上都有较大改观。

QBU-191拥有中国轻武器发展史上第一支可以调节长度的制式自动步枪枪托，共有3个长度可供调节，能让不同身高臂展的士兵找到自己合适的据枪状态。同时，枪身不同的调节长度，利于步兵持枪乘坐步兵战车或装甲车，便于作战。

除了枪身，该枪还使用了专门设计的轻型聚合物弹夹，能有效降低背负重量、据枪重量，有助于提高瞄准精度。此外，聚合物透明弹匣的外观与普通弹匣没有什么区别，但射手在日光环境中可以透视弹匣内部，便于根据所标有的刻度和数字快速调整更符合实际的作战方式。

可加装多种配套器材。QBU-191枪身配有皮卡汀尼导轨，能加装激光照准器、强光灯、战术器材等配套器材；搭载全新的可变缩放倍率光学瞄具，使射击精度更高，以便适应远距离交火区间的战斗；搭载夜视镜，让夜间射击同样无敌。

QBU-191国产精确步枪意味着更强的火力和任务灵活性，它的列装标志着中国在轻武器领域又迈上一个新台阶，为中国人民解放军部队增添了制胜的利器。未来，中国陆军步兵基础班组和特种部队在山地或旷野的中远程交战能力、火力强度，无疑将得到较大幅度的提升！

第三章

筑起天空长城：中国空军武器装备

中国空军是保卫国家领空安全的重要力量，具备空中作战和远程投送能力。其装备包括战斗机、轰炸机、运输机等现代化飞机，能够执行空中拦截、打击、侦察等任务。

近年来，随着科技的飞速发展和军事现代化的推进，中国空军不断引进及研发新型战机，逐步形成了一支规模庞大、结构合理、性能先进的现代化空军力量。

中国空军还不断提升自主研发能力，加快新型战机的研制和列装步伐。本章将对中国空军的代表性自主研发装备进行介绍。

空中"战神"
——轰-6K

文/陈曦　绘图/骆玫

雷达
用于探测地面或水上的目标

机翼

驾驶舱

舱门

光电转塔
能探测远距离目标

第三章 | 筑起天空长城：中国空军武器装备 103

轰炸机是主要对地面和水上目标实施轰炸的飞机，它可以单独执行任务，也能和其他战机组成编队协同作战。而中国的轰-6K型轰炸机（以下简称"轰-6K"）被称为"战神"轰炸机。让我们一起来认识一下这位空中"战神"吧！

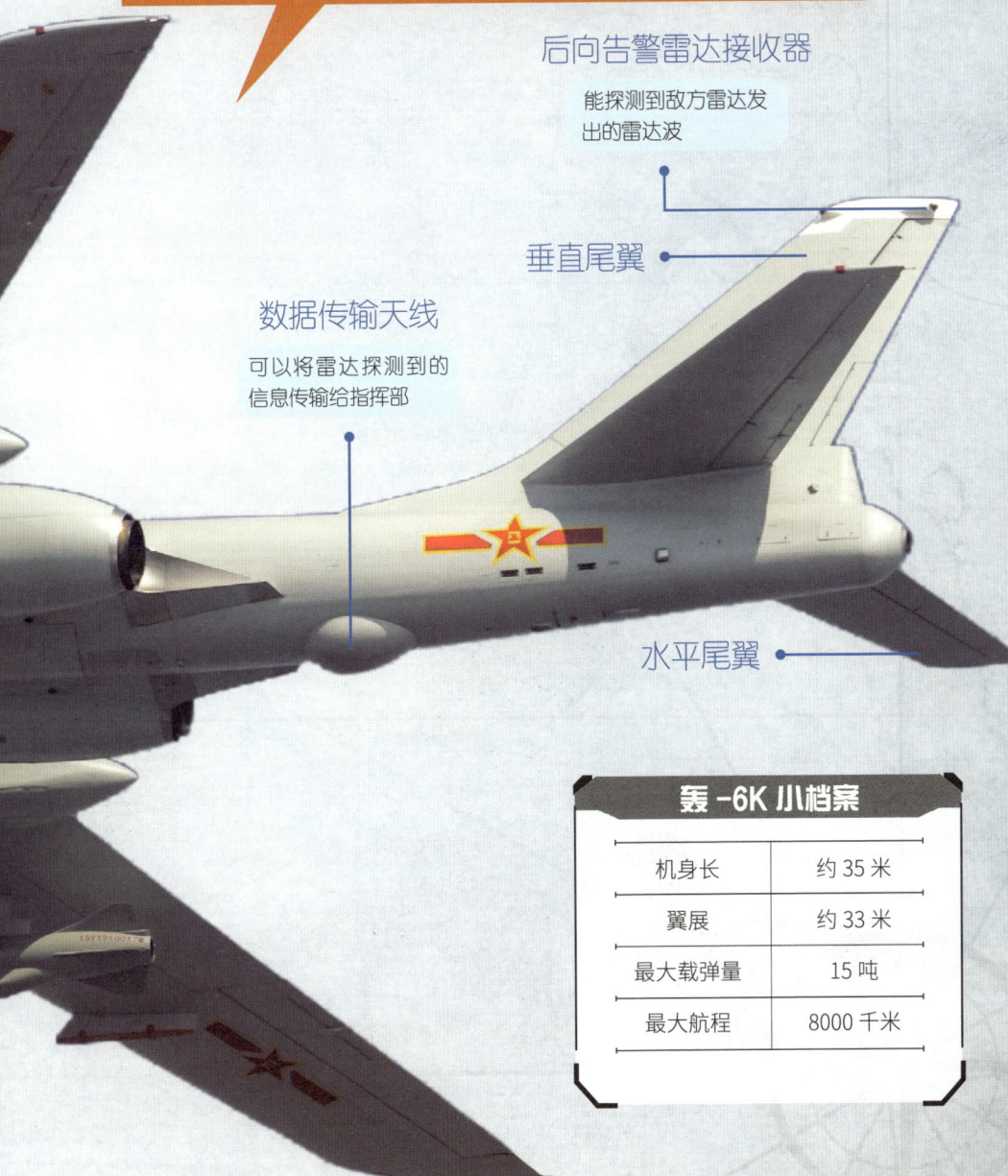

后向告警雷达接收器
能探测到敌方雷达发出的雷达波

垂直尾翼

数据传输天线
可以将雷达探测到的信息传输给指挥部

水平尾翼

轰-6K 小档案

机身长	约 35 米
翼展	约 33 米
最大载弹量	15 吨
最大航程	8000 千米

大国利剑轰-6K 的诞生

想要了解轰-6K，就不得不提到轰-6系列轰炸机最早的原型机——轰-6型轰炸机（以下简称"轰-6"）。它是中国仿制苏联中型喷气轰炸机图-16型轰炸机（以下简称"图-16"）的产物。图-16是苏联图波列夫设计局在20世纪50年代设计与生产的一款轰炸机，机身长34.8米、翼展33米、自身质量37.2吨，最大飞行速度1050千米/时，航程7200千米，采用两台涡轮喷气发动机，后掠翼型主翼。

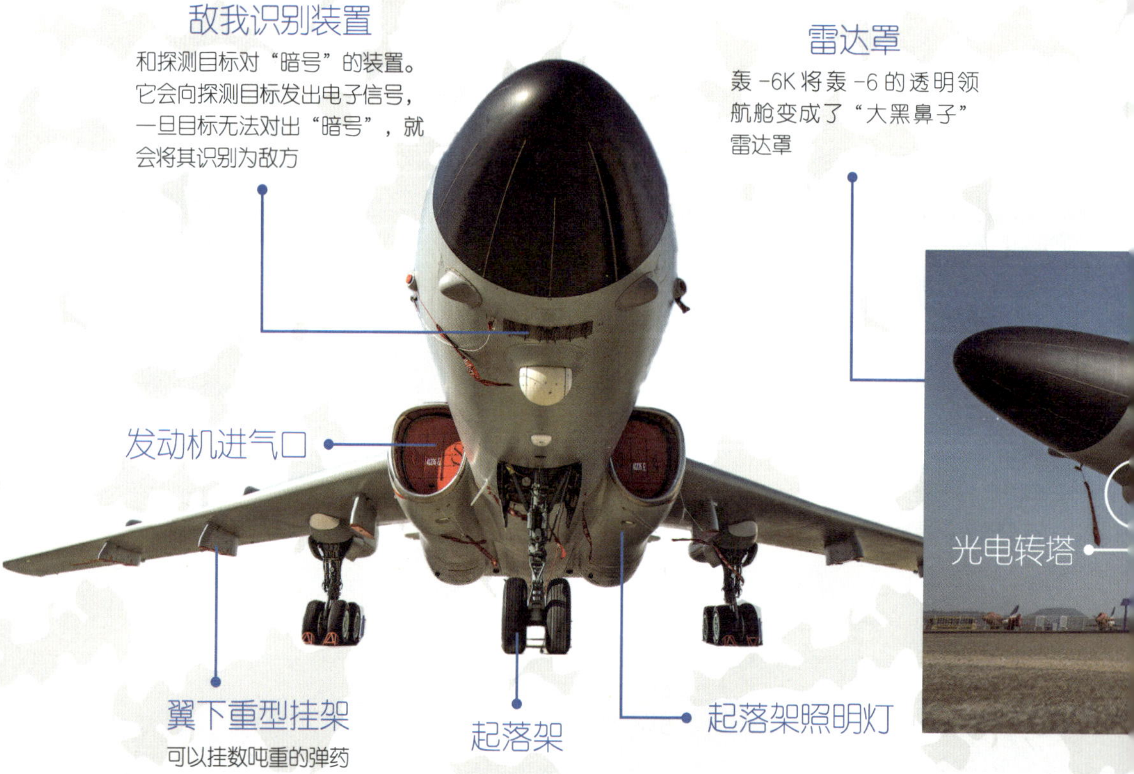

敌我识别装置
和探测目标对"暗号"的装置。它会向探测目标发出电子信号，一旦目标无法对出"暗号"，就会将其识别为敌方

雷达罩
轰-6K将轰-6的透明领航舱变成了"大黑鼻子"雷达罩

发动机进气口

光电转塔

翼下重型挂架
可以挂数吨重的弹药

起落架

起落架照明灯

知识拓展

机翼的形状大有玄机

平直翼

这是早期低速飞机常采用的一种机翼性状。平直翼可细分为矩形翼(机翼两端宽度相同,见于第一次世界大战期间的飞机)、梯形翼(机翼两端宽度不同,见于第二次世界大战期间的飞机)等。

后掠翼

这种形状的机翼,能减小风行阻力。图-16、轰-6系列的主翼就是后掠翼。

前掠翼

与后掠翼刚好相反,其机翼是向前掠的。目前采用前掠翼的飞机较少,只有一些高机动性战斗机使用前掠翼。

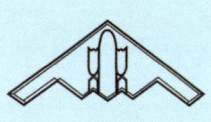

三角翼

形状接近三角形。喷气式飞机用的是三角翼。

D-30KP-2 涡扇发动机
耗油量减少20%

透明领航员舱
在当时的技术条件下,领航员只能靠看地标导航,所以将机头设计成透明的

翼下重型挂架,即增加的外挂点

·轰-6K

颌下雷达

·轰-6

1959年，中国开始仿制图-16，几经波折，1968年12月24日，轰-6首飞成功，次年实现轰-6的批量生产。轰-6是中国研制改装成功的第一代中远程轰炸机，结束了中国不能制造轰炸机的历史，填补了中国航空工业的空白。

成功国产化轰-6后，科研人员并没有停下研制、改进的脚步。通过更换发动机、增加载弹量和航程，轰-6K横空出世！

"战神"展翅

想要增加轰炸机的航程，首先要改进发动机和油舱。轰-6K换装了低油耗、重量轻、推力大的D-30KP-2涡扇发动机。这种发动机本来应用在伊尔-76重型运输机上。为了适应新的发动机，研究人员对轰-6K的进气道、机舱、尾喷口等重新进行了有针对性的修形——发动机进气口明显增大，推力至少增加30%，耗油量减少20%。同时，炸弹舱室增加了大型可拆卸油箱，以加大储油量。

想要提高空地打击能力，最重要的就是适配新型导弹。在不改变主体承力结构的前提下，轰-6K的机翼下有6个外挂点，即翼下重型挂架，不仅可以搭载长剑-10A型巡航导弹，还能携带鹰击-12、空地-88、空地-63等多种射程稍近的导弹，最大载弹量可达15吨，这大大提升了轰-6K单机火力。

轰 -6K 采用最新的航空电子设备，如新型火控雷达、搜索雷达、新型前视红外设备以及多套新型电子战设备。

轰 -6 可容纳 6 名机组成员，人数多、弹射效率低。轰 -6K 改用了轰炸机惯用的 4 人机组，飞行员通过位于机舱左侧的大型舱门上下飞机，和客机类似。

·轰 -6k 装有弹射装置和降落伞的座椅，使飞行员在遇到危险时，只需按下紧急按钮，弹射舱门就可以自动打开，将飞行员弹出机舱

"战神"的霸气瞬间

武器装备,是军队现代化的重要标志,是国家安全和民族复兴的重要支撑。国之重器轰-6K,担负着战略打击、战役战术轰炸、远程侦察、巡逻监视等任务。

2015年3月,中国空军首次组织航空兵赴西太平洋开展远海训练,轰-6K一马当先,大大提升了中国空军部队远海机动作战能力。

2015 年 9 月 3 日，在纪念中国人民抗日战争暨世界反法西斯战争胜利 70 周年阅兵仪式上，9 架轰 -6K 组成气势恢宏的空中梯队，列阵飞过天安门广场上空。这是轰 -6K 部队首次公开亮相。

2016 年 8 月，中国空军组织轰 -6K 等多型战机飞赴南海，对南沙岛礁和黄岩岛附近空域实施战斗巡航。

2017 年 7 月，中国空军进行远海远洋训练，轰 -6K 等多型多架战机编队飞越了巴士海峡和宫古海峡，检验了其海上实战能力。

轰 -6 系列轰炸机除了"战神"轰 -6K 之外，还有"海神"轰 -6J（又名轰 -6KH）、"新星"轰 -6N 等多个机型。这个"大家族"已经在中国的天空中飞翔了 50 多年，仍然有其无法取代的优势。由它们筑起的"天空长城"也必将坚不可摧！

·轰 -6K 最大航程可达 8000 千米；
·最大作战半径超过 3500 千米；
·可一次性搭载 6 枚具备对陆河对海能力的长剑 -10A 型巡航导弹，导弹射程上千千米，令轰 -6K 具备了强大的远程打击能力

中国"威龙"
——冲进世界之巅的歼-20

文/陈曦

按照西方对喷气式战机的分类标准，目前最先进的是 5 代战机。5 代战机是世界航空工业，也是各国空军的王牌产品和武器。它是各种最先进技术凝结出的成果，在作战体系中的重要性也仅次于各种战略平台。5 代战机是国力的象征，是军力的象征，是国家意志和能力的极好体现。世界各大强国，都在竭尽所能研制、装备 5 代战机。美国有两种 5 代战机——F-22 和 F-35，俄罗斯有苏 -57，而中国也有两种——歼 -20"威龙"和"鹘鹰"两种 5 代战机，凸显了中国在如今世界航空工业领域、中国空军在世界军事领域上的地位！尤其是歼 -20"威龙"，可与美国的 F-22 相媲美！

歼 -20 小档案

最大装载质量	11 吨
最大飞行高度	18000 米
作战半径	2000 千米
最大飞行速度	2.5 马赫（约 3000 千米 / 时）

最先进的标准

5代战机所谓"最先进的标准",概括下来就是4个"超级"——也就是英文的4S!这4个方面的高性能,是前几代战斗机没有的。

1. 隐形,Stealth。

2. 超机动,Super Maneuverability。

3. 超声速巡航,Supersonic cruise。

4. 高级作战态势和信息效能,Superior Avionics for Battle Awareness and Effectiveness。

隐而能战

隐形是5代战机的最大优势!

5代战机对光、电磁全波段侦察设备,都有隐形设计考虑。其中对厘米和分米波雷达,在大部分方向上都有很明显的隐形能力;对红外探测设备,在部分方向上也有明显隐形能力。这些侦测手段,是战场上最常用的。尤其是精确定位、跟踪,以及给导弹制导等重要功能,都常用这些手段。比如美国F-22战机,在特定频段和方向上,雷达散射截面积(RCS)值仅为0.01平方米。而雷达探测距离跟RCS的四次方成正比。比如F-35的AN/APG-81型雷达,对RCS为1平方米的目标探测距离大约为150千米,那么在同样条件下,对0.01平方米的目标比如F-22战机,探测距离就不到50千米!

隐形能力赋予了 5 代战机巨大战术优势,导致预警机、地面雷达站对其发现距离迅速缩小,也就大幅度降低了敌方重要节点和传感器的效能。另外,战机、防空导弹火控雷达,在较远距离上也无法锁定 5 代战机,这又赋予了它无与伦比的生存能力。所以,5 代战机更适合执行隐蔽和突然性的任务,更偏重攻击,能作为攻击的先锋和箭头参战。

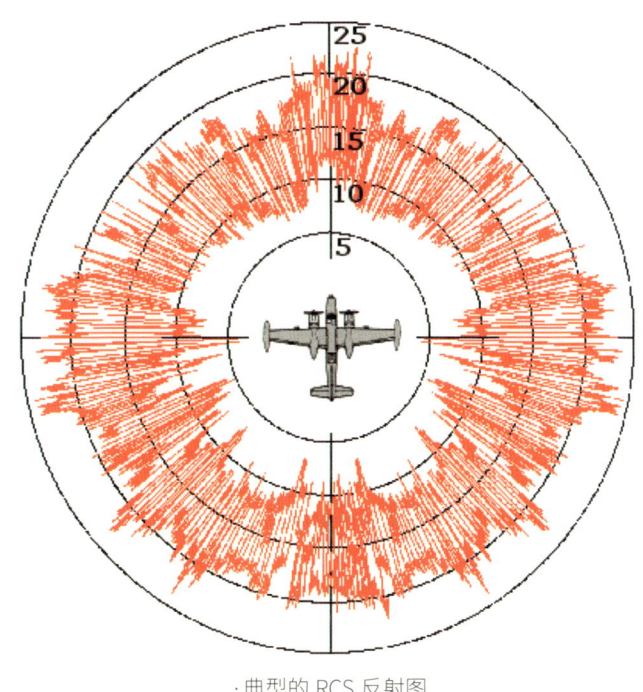

·典型的 RCS 反射图

我们的歼 -20,就是这样!

5 代战机隐形能力的最大优势在于不会影响到其他性能。5 代战机为什么先进?因为 5 代战机是通盘考虑、统筹兼顾的设计成果!一个 4 代战机无论如何改装,在隐形方面都达不到 5 代战机的优秀水平,反倒会大幅度降低其他方面性能。比如,美国 F-15SE"沉默鹰",本来美国 F-15 就是航程大、火力猛的战机,外挂油箱后可实现 4000 千米航程,而理论挂载能力达到 10 吨,实战最多可携带 10 发空空导弹,或 4 枚中、重型对地武器;而 F-15SE"沉默鹰"为实现隐形能力,不能外挂弹药和油箱,而必须携带保型弹舱,其航程也缩短到 2500 千米,只能携带 4 发空空导弹。再说其隐形能力,还明显不如日前估计隐形能力在 5 代机中较差的俄罗斯苏 -57。但美国 F-22 就不会这样，我们的歼 -20 更不会这样。

歼 -20 外形与 F-22 十分类似，其头部、机身呈现菱形，有很明显的棱线；外表面非常简洁，上下表面平直设计，大外倾、面积较小的 V 垂尾，减少了各个主要方向上的雷达反射；机翼、鸭翼前后缘，也尽量避免前后平行的折射……所有外形设计，都在着力控制雷达特征。另外，歼 -20 与 F-22 一样，都有 1 大 2 小 3 个内弹舱，小弹舱装备格斗空空导弹，大弹舱携带中远程空空导弹和对地打击弹药，隐形状态下依然保证了弹药荷载，也保证了数千千米的续航能力。所以，歼 -20 战机兼具强大火力、极远的航程和隐形能力！

"好身板"不怕打

作为平台本身的性能，超机动能力是"好身板"的一部分，非常重要！

5 代战机机动能力极强，动力充沛，而且主要强在超声速段机动。虽然在最大速度上，2 代战机就能实现 2 倍音速，比如米格 -21 和 F-104，但是这些飞机一旦进入跨音速段，控制就不稳定、不精确。就像高速公路上高速开车一样，本来就感觉很"飘"，都害怕急转弯控制不好。2 代战机也一样，在高速状态下很难控制，灵活性很差，尤其是横滚、俯冲、拉高，都相对较笨，转一个弯，几十千米就出去了！到了 4 代战机，比如苏 -27、F-15、幻影 -2000、F-16 等飞机，应用了先进的气动外形，包括大边条、翼身融合等，再结合先进的控制系统，解决了高亚音速和跨音速段的安全、精确、灵活控制问题。而之后的 5 代战机，不仅巩固了 4 代战机在跨音速段的控制和机动能力，还解决了超声速下的控制问题！歼 -20 使用全动差动双垂尾、鸭翼布局，配合以"飞火推一体"飞行控制系统，大仰角升力特性极好，瞬时攻角、盘旋和滚转率都很高。其亚音速机动能力，不比任何 4 代机和 4 代半战机差；而超声速下的控制能力，更是远超任何 4 代战机！任何飞机空战，都会尽量利用自己的优势区。像 F-22 和歼 -20 这种 5 代战机，一旦空战，肯定是尽量利用超声速区，把速度拉起来，这样前几代战机的速度提不上去，只能被动挨打；而速度提上去，机动和控制能力不行，还是挨打。这就是歼 -20 的优势！

·美国 F-22

·中国歼 -20

·中国歼 -20 高仰角爬升

随时随地超声速

超声速巡航能力和超机动能力紧密相关!

超声速巡航,一般指发动机不开加力,使用"最大军用推力"进入巡航状态,就能超声速并保持。这不光是为了更快到达战区,其主要目的之一,是随时能以超声速进入空战。随时随地超声速,自然能充分发挥超声速状态下的机动能力。

当3代或4代战机还在费力地爬升,想多获得一些机动能量,之后才能占位、开雷达、发射导弹时,5代机,比如歼-20,已经找到优势最大的超声速段;甚至一进入战场就是超声速,转个弯就已经占好位,可以发射导弹了。这就是歼-20两种性能之间的兼顾与协同配合。

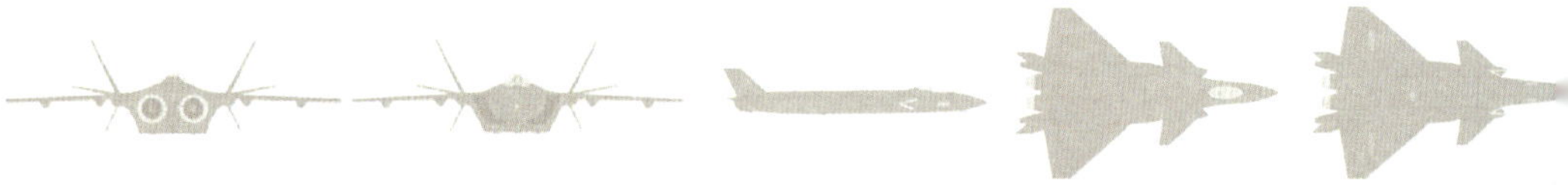

歼-20最初使用俄罗斯99M2型发动机，之后使用涡扇-10B型发动机升级版，这些发动机推力都很大，2台发动机的最大军用推力、加力推力和燃油消耗都得到极好的兼顾。其次，歼-20的气动外形经过精心设计，阻力低，升力大。另外，还有很多"过人"之处，如发动机进气道的"鼓包"，学名叫DSI进气道，也就是"无边界附面层隔道超声速进气道"。这种进气道，使得发动机在特定速度下，"总压恢复系数"更高，这意味着实际推力很大，速度自然有保证。

顶配设备不惧高要求

高级作战态势和信息效能是机载设备方面的性能，但没有"好身板"，也装不了这么多好设备。

歼-20与世界上其他5代战机一样，态势感知能力极强。其机载计算机、有源相控阵雷达和电子战系统，都不亚于美国最新的F-35战斗机，都是最新的顶级配置。其有源相控阵雷达，孔径大、处理和数据计算能力强，多目标能力、远程探测能力强，工作模式也很多；配套电子战能力也很强，可以非常稳定地工作，并充分发挥性能；其使用的光学设备为内部光电分布式孔径系统（EODAS）。歼-20是世界上第二种使用该设备的飞机，第一种使用该设备的是美国F-35。内部光电分布式孔径系统是由分布在飞机各个正面和侧面的光学传感器收集各种数据，再传输到中央计算机进行集中处理，并满足态势观察、火控雷达告警等所有任务要求。

歼-20 擒贼擒王

歼-20 既然如此强大,当然要用好用足,充分发挥其优势。当然,不是什么任务都需要歼-20 这种高价值平台去完成的,比如跟其他战斗机去格斗、消灭敌战斗机,尤其是不太先进的战斗机,在他的任务列表上,根本排不上号!

那么,哪些目标才是值得歼-20 去打的呢?当然是地面上重要的指挥所、防空雷达、重点防空导弹阵地、通信中心以及各种重要的空中目标了。如 E-4B 空中指挥机,B-52H 等,这些才是歼-20 首先需要消灭的目标。

·B-52H 最终型号一次可以搭载大量武装,是歼-20 的打击目标

歼-20一个航次出击，真的能消灭1个"战役目标"，哪怕就1个，都是巨大成功！比如，直接消灭敌指挥机，擒贼擒王；消灭敌预警机，使敌方机群在前沿丧失引导，不能组织空中进攻战役；消灭敌加油机，能导致敌机群得不到加油，远程任务直接失败或无法保障；消灭敌主要电子战机，可使敌机群失去大型电子战平台掩护！

歼-20当年的横空出世，打破了一些西方国家对中国的刻意打压和歧视，证明了我们的能力和实力。而今天歼-20勇担重任，终于可以告慰因歼-9、强-6下马而痛苦万分的前辈们，以及曾在"歼-6万岁"时代勇敢无畏的空军指战员。歼-20更是我们国家几十年大发展，国力日盛的真实写照，是我们屹立于世界民族之林的硬气证明！

空中"胖妞"的蓝天之旅
——运-20 运输机

文/陈曦 绘图/飞飞

机组人员
因为座舱采用先进数字式航空电子系统,所以机组只需3个人,即正、副驾驶员和货物装卸员。

椭圆形宽机身
运-20 机身显得非常"肥胖",其剖面为有过渡连接的上下圆弧组成,而非一个规则的圆形,尤其是机身下部更为扁平,这样设计的好处是可以大大降低货舱地板高度,方便装运货物。

第三章 | 筑起天空长城：中国空军武器装备 121

> 2021年8月30日，运-20运输机启程飞赴韩国，接在韩志愿军烈士遗骸回国。这是迎接中华人民共和国英雄的高规格礼遇。整个过程中，运-20运输机表现出强大的技战术性能和非凡的可靠性。

T形后平尾
这是一种水平尾翼布置在垂直尾翼翼尖的特殊气动布局。这种气动布局具有使平尾避开机翼尾流的影响的优点，操作效率非常高。有利于大型运输机后机身的大开口以及货物装卸。

上单翼
运-20的发动机数量有4个，这种设计是为了防止承载太大，同时起落架支柱太高，不利于飞机的结构强度。

上翘后机身
运-20后机身明显上翘有可能使气流在该部位分离，过多地增加阻力，所以飞机后机身下表面舱门后侧可能安装有导流片，这样可以有效破碎后机身下表面产生的分离涡，减少机身尾段分离涡产生的阻力。

运-20 运输机小档案

最大起飞质量	220 吨
最大装载质量	66/70 吨
航程	> 7800 千米
最大速度	> 700 千米/时
长	47 米
翼展	45 米
高	15 米
动力	4 台 D-30KP/WS18 涡扇发动机

 "胖妞"其实是个大力士

运-20运输机是中国研究制造的新一代军用大型运输机，大名"鲲鹏"，绰号"胖妞"，于2013年1月26日首飞成功。这些年来，上高原、飞远海、跨大漠、出国门，"鲲鹏"展翅，砺剑空天。之所以称它为"胖妞"，是因为它属于重型运输机。它可是当今世界级军事强国的标准配备，目前仅有个别国家有能力生产这种规格的运输机。因此，"胖妞"成为中国航空工业的辉煌发展成果和中国整体工业能力的重要体现。

运-20运输机机身长47米，翼展45米，机翼面积达到310平方米，机高为15米，最大起飞质量达220吨。其标准载重航程超过4500千米，转场航程超过7800千米。

这款外表憨憨的"胖妞"能运送66吨内载货物、容纳将近300名全副武装士兵或120多名全副武装伞兵。也可以在安装担架站的情况下，运送接近120名伤员。

66吨是个什么概念呢？成年亚洲象体重在5吨左右，66吨相当于13头亚洲象的体重总和。除了能运人、运物，"胖妞"还能运新一代99式主战坦克，也能一次性运输多辆伞兵战车。

 探索"胖妞"身材的奥秘

"胖妞"采用国际上非常流行的气动外形和整体构型。这与美国

的 C-17 运输机以及俄罗斯的伊尔 -76 运输机非常类似。悬臂式上单翼、后掠主翼、大型 T 型垂尾以及翼下悬挂式 4 发动机，保证了它的升力和速度，确保发动机、尾门和侧门有一定的离地高度。这意味着，它可以在不损坏机身结构重要部分的前提下，实现野战机场上起降。

"胖妞"使用多支柱起落架，是为了在铺装条件不佳、地面较为松软、跑道长度不够的野战机场进行起降，避免飞机受到过度的起降冲击。

"胖妞"机身采用宽体设计，结构合理，能最大程度加大飞机内部空间和承载能力，加大货舱、设备舱、航空油箱，并使用更多先进的航电设备和自动控制系统。

"胖妞"使用大量特种型材、复合材料，在控制整机质量的情况下，大大提升了全机结构强度，显示出中国极高的材料科学和航空制造水平。

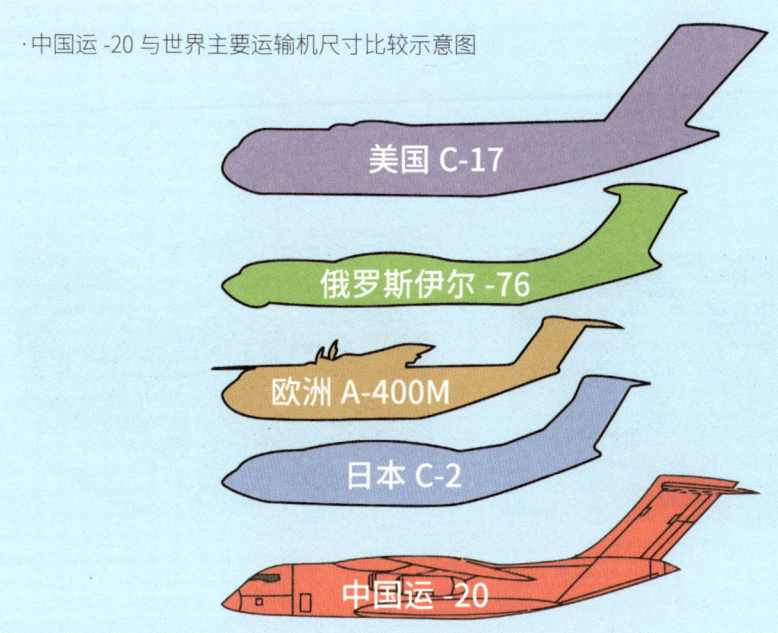

·中国运 -20 与世界主要运输机尺寸比较示意图

总体而言,"胖妞"气动外形十分先进,达到国际顶尖水平。不仅大幅提升了它的机动能力和使用便利性,还加强了紧急运输、特种运输和突击运输能力,有利于其在大规模进攻作战中发挥重要作用。

发动机是机体的心脏,为机体提供动力,在航程以及作战半径方面都起到决定性作用。"胖妞"使用4台涡扇发动机布局,每侧主翼下悬挂2台发动机。

在"胖妞"身材的进阶史上,最初它使用4台俄罗斯D-30-KP2型航空发动机,每台最大军用推力为12吨左右,能够满足66吨的最大商载能力。2020年11月,"胖妞"搭载4台国产最新型涡扇-20大涵道比发动机,进行了重要改进型号的成功首飞。大涵道比涡扇发动机是指涵道比4以上的涡扇发动机。由于大涵道比涡扇发动机的耗油率低、噪声小,被广泛用于大型民用和军用运输机以及其他大型亚声速飞机如加油机、预警机、反潜机等。

涡扇-20型发动机比原来装备的俄罗斯D-30-KP2型航空发动机推力至少要高40%以上,这一更新又大大提升了整机速度和最大商载上的技战术性能。它的商载能力至少可加强到70吨以上,完全达到美国C-17运输机的标准。

· D-30-KP2型航空发动机是苏联时期研制的第一种大涵道比高性能涡轮风扇发动机

· 涡扇-20型发动机是以"太行"发动机为基础,中国自行研制的大涵道比涡扇发动机

飞机千千万，胖妞世无双

在国际上，"胖妞"处于非常先进的地位。世界军用运输机中的超重型运输机，包括隶属于乌克兰的超大型安-225运输机（最大起飞质量超过640吨，最大装载质量250吨），以及较大批量生产的美国C-5"银河"运输机、乌克兰安-124运输机（前者最大起飞质量381吨，最大装载质量127吨；后者最大起飞质量415吨，最大装载质量150吨）。

虽然这些运输机运载能力强、航程远，但使用成本太高，无法大量承担运输任务。更关键的是这些飞机不能在铺装条件不佳、地面较为松软、跑道长度不够的野战机场起降，它们必须使用强化混凝土跑道。因此超重型运输机无法承担"胖妞"一类运输机运输主力的职责。而且，以上3种机型发展成本太高，无法经常研制替代型号。在长期不更新的情况下，其整体结构、航电和机械设备都很容易落后，种种原因让这3种机型都达不到"胖妞"的水平。

对比较小型的运输机，"胖妞"的优势就更加明显了。尤其是欧洲A400M运输机以及日本C-2运输机。它们最大起飞质量都在141吨左右，最大装载质量都在37吨左右。虽然这些小型运输机在灵活性上和对野战机场起降能力上稍强，但在航程、货舱容积和装载能力

· 乌克兰安-124运输机

· 欧洲A400M运输机

上面,与"胖妞"等重型运输机无法相提并论,尤其在最大商载方面,差距巨大。

至于更小一圈的标准中型运输机——中国运-9运输机、美国C-130运输机等,虽然上述飞机灵活性、机动性极强、成本较低,但最大起飞质量70吨左右,最大装载质量20吨左右,不能在货舱中运输坦克、武装直升机等重型装备。中重型运输机要互相配合,协同作战,尤其经常使用这种协同方式——重型运输机先飞干线、飞大型场站,卸载货物后再由中型运输机接续向前线运送。这些飞机完全与"胖妞"不是一类运输平台,两者没有互相替代的可能性。

重型运输机中,美国C-17"环球霸王"III运输机是其中翘楚,为美国主力运输平台。其最大起飞质量381吨,最大装载质量77吨,航空电子和机械设备十分先进。但中国"胖妞"改装4台国产最新型涡扇-20大涵道比发动机后,技战术性能全面提升,总体已经与C-17运输机并驾齐驱。

行动迅速，带去温暖的胖天使

"胖妞"在服役后，已执行许多次重要任务，表现出极高可靠性。2013年，中韩两国经过磋商，达成了志愿军遗骸回归中国的共识。2014年3月28日以来，"胖妞"分8批从韩国接回825位志愿军烈士的遗骸和相关遗物。新冠肺炎疫情防控期间，它更是第一时间驰援武汉，输送支援武汉的军队医疗人员和重要医疗物资。

之后它又跨出国门，连续飞赴吉尔吉斯斯坦、老挝等国，运输医疗队、医疗物资、防护用品等，为多个友好国家雪中送炭，表现出强大的快速远程投送能力。另外，在2021年的"和平使命-2021"中俄联合演习中，中方参演官兵和重型军事装备，也是搭乘"胖妞"安全抵达演习地域的。

君子量不极，胸吞百川流。"胖妞"早已成为中国空军"建立战略空军、实现攻防兼备"的重要装备，是中国进行海外维护和平、实施救灾援助、拓展国际影响的有力平台。中国航空事业发展了70多年，相信在不久的将来，"胖妞"会为祖国带来更多惊喜，贡献更多力量！

空中"奶妈"
——运油-20 新型国产空中加油机

文/崔家全 王保伟

运油-20 小档案

项目	参数
载油量	超 100 吨
燃油传输速度	6000 升/分钟（硬管） 2000 升/分钟（软管）
机身长	47.6 米
翼尾	50.5 米

第三章 | 筑起天空长城：中国空军武器装备　129

> 燃料是飞机驰骋蓝天的"血液"，飞机携带燃料的多少，决定了其续航时间的长短、飞行距离的远近。为了给飞行中的战机实时补充燃料，人类发明了空中加油机。2022 年 7 月，新一代新型国产空中加油机运油 -20 正式进入中国空军服役。这款新型国产空中加油机有哪些技术和特点？它给中国空军带来哪些能力跃升？

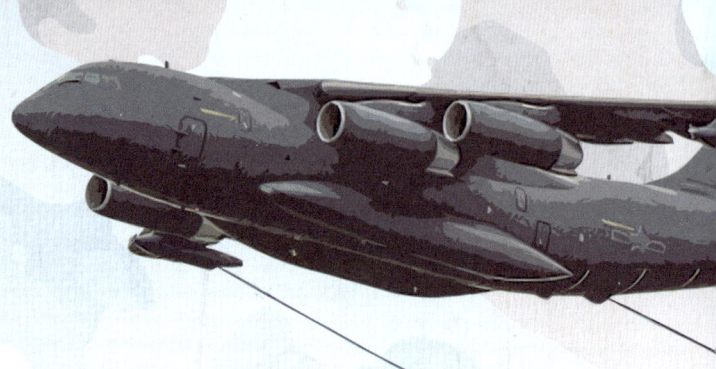

空中输油量大：大块头有大肚量

空中加油机可以大大延长战斗机、攻击机等机种的留空、续航能力，帮助战机延伸飞行距离，执行远远超过原有作战半径的远程轰炸打击任务，因此，它被视为现代空军的"力量倍增器"。

空中加油机一般由大型运输机或民航客机改装而成。中国空军列装的第一代国产空中加油机轰油-6，由轰-6中程轰炸机改装而来。尽管它实现了中国空中加油关键技术领域零的突破，但由于轰-6机体有限，严重限制了轰油-6的空运载荷和加油能力。轰油-6可载油37吨，仅能输油18.5吨，剩下的18.5吨要用于自身飞行，因此，无论是输油量还是能提供的加油次数都比较有限。

相比之下，由运-20大型运输机改装而来的运油-20，其先天条件就得天独厚。它的起飞质量约为220吨，能载油100多吨。即使按照最保守的减半输油量估计，运油-20也可以为接受加

·轰油-6为歼-10B加油

油的战机补给 50 多吨燃料，其空中输油量不仅是轰油 –6 的数倍，同时也强于进口的伊尔 –78 空中加油机。

参考国外空中加油机的发展经验，如果进一步改善发动机性能、降低自身油耗、优化机体内部结构，运油 –20 未来的空中输油量有望提升到 70 吨左右。

发动机强劲：降低整体加油难度

从加油方式看，运油 –20 采用"探头 + 锥套"的软式加油系统，两侧机翼下都有一个加油舱，另一个安装在后机身左侧，可以同时为 3 架飞机空中加油。

软式加油系统一般由输油软管卷盘装置、压力供油装置和电控指示装置构成，输油软管一般长 15 ~ 26 米，末端有输油锥管和伞状锥套，内有加油接头。受油机机头或机翼上安装一个固定或收放式受油探管。

空中加油时，加油机上的空勤人员打开输油软管卷盘装置，伸出锥套，锥套受气流作用而展开，将输油软管拖出，软管飘浮在空中随加油机向前运动。受油机从后下方接近加油机并慢慢增速，将受油探管探头对准加油管伞状锥套，随后将受油探管探头插入锥套，并顶开输油管末端的单向活门，加油机的燃油就开始输出，实现空中加油。每套软式加油系统每分钟最多可加油2300余升。

同轰油-6相比，运油-20的发动机动力更加强劲，机动性能更加灵活，在一定程度上为空中加油创造了便利条件。在2022年第十四届中国国际航空航天博览会(简称"珠海航展")上，体型庞大的运油-20在飞行表演中表现敏捷，除能快速着陆外，还能快速起飞——即使滑行距离特别短也能很快腾空而起。同时，运油-20还展示了带加油管拖曳通场、通场之后带管转弯等飞行能力，展现出这款加油机和受油机在配合加油的过程中，可以边转弯边加油。据中国空军飞行员反映，同轰油-6等其他机型相比，运油-20能降低整体加油难度。

2022年11月5日，参加第十四届中国国际航空航天博览会适应性训练的中国空军歼-20飞机从运油-20飞机旁滑过

飞得更远：真正成为"战略空军"

大型加油机是"战略空军"不可或缺的重要装备。

运油-20 的列装服役，不仅将中国的空中加油平台提升到世界先进水平，还让中国空军的续航力真正升级为"大长腿"，使中国空军的远程机动、远域攻防和远程投送能力获得大幅提升，真正跨入了"战略空军"的门槛。

在 2022 年空军航空开放活动暨长春航空展中，中国空军首次公布了运油-20 同时给歼-20 隐身战斗机和歼-16 战斗机进行空中加油的三机同框照片。这表明，无论是新一代隐形飞机还是三代改进型飞机都能进行空中加油，也反映了运油-20 可以同时给不同型号的飞机空中加油，能够通过一次加油为一个编队提供续航服务。

·2022年长春航空展中，运油-20 与歼-20、歼-16 三机同框

·运油-20 的加油吊舱特写

据推算，经过一次空中加油服务后，战斗机的航程可以增加25%～30%，轰炸机的航程则可以增加30%～40%，运输机的航程几乎可以增加一倍。倘若战机经过两三次空中加油，其续航效果会更加惊人。

以歼-20隐身战斗机为例，其机内最大载油量超过12吨，最大航程超过5000千米，作战半径超过2000千米。一架运油-20一次可满足一个歼-20战机"四机编队"的加油需求，使其最大航程超过8000千米，打击距离延伸近一倍。

随着运油-20的列装服役，安装空中加油管的轰-6N轰炸机、空警-500预警飞机等大型飞机，能获得更长的空中续航时间和更远的飞行能力。以轰-6N为例，该机最大航程为8000千米，作战半径可达3000千米，能覆盖中国在西太平洋的周边海域。如果为它进行一次空中加油，那么该机的航程可延伸到1.4万千米，作战半径可扩大到6000千米。届时，即使是万里之外的敌远海基地，也在轰-6N的打击半径之内。

运油-20的列装服役让中国战机拥有更长的滞空和战斗时间，这不仅有利于中国空军扩大在周边空域的影响力，也意味着中国空军能够在太平洋更远的地方进行远程航空训练，大大提高了中国人民解放军在西太平洋地区拦截危险目标的能力，也大大提升了中国人民解放军进行更远程、更持久的军事航空行动的能力。

·安装受油管的轰-6N

"在大风中穿针引线"

空中加油属于高难度飞行课目。由于加油机软管放出后受气流影响大，对受油机飞行员超密集编队技术及空中对接技术的要求很高。

理论上讲，如果气象条件好、光线充足，从加油机吊舱放出的加油软管摆动幅度不大，且受油机与加油机的相对飞行速度控制较好，完成空中加油作业难度不大。

然而，据飞行员反映，即便是在最理想的空中环境中加油，受油机仍然会与加油管"擦身而过"，有时在对接的最后关头，受油机上的受油管仍然会"撞"开加油管，需要多次配合和加油对接之后才能实现"空中精准对接"。加油机在高空与战斗机进行空中加油作业的难度之大，被飞行员形象地比喻成"在大风中把一根软线穿进针孔里"。

强弓长箭射天狼
——红旗 2 型地空导弹

引信及战斗部

文/陈曦　绘图/骆玫

　　红旗 2 型地空导弹，是中国第一种自主研制的，也是装备数量最多、使用最广泛、服役时间最长的要地防空导弹系统。红旗 2 型地空导弹最终成为全天候、中高空、中程地空导弹武器系统，不仅用于对付敌轰炸机、歼击轰炸机和侦察机等，还在国土防空和边境作战的实战中屡建奇功。它的成功研发，是防空力量发展中的里程碑，更是国防工业和技术发展的里程碑。那么，这种地空导弹系统研制背景如何呢？到底有着怎样的前世今生呢？

第三章 | 筑起天空长城：中国空军武器装备　137

红旗 2 型地空导弹小档案

弹长	10.84 米
最大速度	约 1250 米 / 秒
最大射程	35000 米
最大射高	27000 米
重新装填时间	10~15 分钟

燃料舱

第二级液体主航发动机

第一级固体火箭助推器

·红旗 2 型地空导弹结构示意图

导弹——对空防御力量体系中的中坚力量

红旗 2 型地空导弹的技术背景发生在冷战时期。那时的中国同样需要强大的对空防御力量体系，只有建立起和平安定的发展环境，才能顺利发展经济、工业和科学技术。

在对空防御力量体系中，最重要的部分就是防空导弹。比如冷战时期，苏联就为此建立了独立军种——国土防空军，其规模极为庞大，下辖 10 个防空集团军、1200 个防空导弹发射营，部署至少 12000 部导弹发射装置，导弹数量达到惊人的 15 万～20 万发。最初装备苏联国土防空军部队的就是 S-25 和 S-75 型导弹。其中后者的 S-75 型导弹，就是中国红旗 1 型和红旗 2 型地空导弹的技术原型。

全力以赴，务歼入侵之敌

针对假想敌部队中的 B-52 轰炸机、波音 B-47 "同温层喷气"式中程轰炸机和战术飞机，尚在建设中的中国空军除了需要火控雷达、歼击机外，也需要 200 多个地空导弹营的防空导弹。作为国土防空主力，中国空军地空导弹部队和航空兵部队必须协同作战，保卫国土安全。为此，在 1958 年，中国引进了 5 个营共计 62 枚 S-75 地空导弹（即"萨姆-2 导弹"）。

1959 年 10 月 7 日，地空导弹 2 营首尝胜果，击落窜犯的 RB-57D 高空侦察机，标志着中国地空导弹部队终于形成了战斗力。

至 1965 年 1 月，地空导弹部队官兵先后 4 次击落入侵的 U-2 高空侦察机及数架无人驾驶飞机。从列装到形成战斗力，时间之短让世界震惊。

1965 年 4 月，中国国防工业办公室委托中国机械工业部第七部，负责红旗 2 型地空导弹研制工作。1966 年底，红旗 2 型地空导弹武器系统成功通过定型试验。1967 年 6 月 27 日该导弹定型并投入批量生产。至 20 世纪 60 年代末，中国已具备批量生产红旗 2 型地空导弹的能力，年产量可装备 25 个地空导弹营。这些导弹迅速充实了整个空军防空导弹部队，成为空军服役时间最长的第一主力导弹装备。

红旗 2 型地空导弹的过人之处

红旗 2 型地空导弹采用无线电指令制导，不仅具有迎向攻击能力，还具有侧向攻击和尾追攻击能力。导弹弹长 10.84 米，发射质量 2.3 吨，最大速度 3.8 马赫（1 马赫 =340.3 米 / 秒），射程 7~35 千米，射高 1~27 千米。战斗部为高能破片杀伤型。与红旗 1 型地空导弹相比，红旗 2 型增加了燃料容量，射高与射程因此有了较大提升，还加大了前翼面积，提升了控制效率。除此以外，还针对性地加装 "28 号反干扰电路"，使其抗干扰能力强于红旗 1 型。但是，红旗 2 型地空导弹作为一种液体燃料导弹，发射前需要加注燃料，保障性能并不理想。另外，由于受技术水平限制，无法进行多枚装填和发射，1 部导弹发射架仅配有 1 枚导弹，发射准备时间较长，重新装填时间为 10~15 分钟。

红旗 2 型地空导弹系统，以营建制作为基本战斗单位。1 个导弹营下辖 6 部发射架、24 枚导弹和 1 个制导站。制导站包括收发车、显示车、指令车、配电车，以及 3 辆电源车。另有多部导弹运输车和装填车。红旗 2 型地空导弹的生产和装备，大大加强了中国的防空能力。1967 年 9 月 8 日，一架 U-2 侦察机飞入中国华东地区，并开启转播干扰设备，中国空军地空导弹某营，连续发射 2 枚红旗 2 型导弹，以及 1 枚红旗 1 型导弹。最终 U-2 侦察机在浙江海宁高空被第 2 枚红旗 2 型导弹击落。经此一役，红旗 2 型地空导弹正式成为中国空军防空部队装备序列中的中流砥柱，陆续装备 200 多个防空导弹营。

 红旗 2 型地空导弹的孪生兄弟

由于复杂和严峻的外部形势，中国对空防御力量体系必须确保有独立自主装备的能力。红旗 2 型地空导弹作为研制最早也是最成功的导弹，开始不断进行改进。

1973 年年初，中央军委决定对红旗 2 型导弹进行改型设计，旨在提高导弹的抗干扰和打击低空目标的能力，并于 1973 年 8 月将其命名为红旗 2 号甲导弹。1978 年至 1982 年，红旗 2 号甲导弹先后完成了研制阶段试验、设计定型试验，最终于 1984 年 6 月批准红旗 2 号甲导弹定型。

1978年7月，中央军委决定对红旗2型导弹武器系统进一步改进，命名为红旗-2B导弹，主要加强整个系统作战反应速度和可维护性，减少导弹营使用车辆，使用了62式坦克底盘改装的履带发射车，提高抗干扰能力和打击高速机动目标的能力，扩大作战空域及缩短战斗准备时间。1980年至1986年，红旗-2B导弹先后进行了实弹射击试验和鉴定飞行试验，均获成功。红旗-2B采用了液体燃料储存技术，燃料可以长期封装保存在弹体中，无须战时再加注，使得导弹的发射准备时间大大缩短，可维护性大大提升。导弹的引信采用了调频相位比较装置，引信可靠性增加。另外，改进后的弹体机动过载承受能力增加到20g（g为重力加速度），使其能够打击机动目标。

·62式坦克

随后的几年，中国又陆续推出和相继改进研制了红旗-2F、红旗-2J、红旗-2P和红旗-2乙、红旗-12和红旗-22等型号导弹。

红旗-2J型导弹采用载重汽车牵引底盘，公路机动能力较强。导弹的装填起竖装置便于操作，可以在5分钟内完成导弹上架起竖的发射准备，较之前至少缩短50%。

而红旗-2乙使用了20世纪80~90年代中国获得的所有先进技术，成为当时最先进的红旗-2型号。红旗-2乙弹长10.8米，弹体最大直径0.5米，质量2233千克，最大速度4.2马赫，射程7~35千米，射高1~27千米，能同时攻击3个速度在560~750米/秒的目标。相比于之前型号的导弹，其更换了性能更佳的引信、大威力弹头和新型发动机，单发导弹杀伤能力更强，而且弹道特性极大改善，最大速度增加到4.2马赫，弹上计算机的抗干扰电路采用了数字电路，系统内也增加了高频测距雷达、电视跟踪系统、单脉冲雷达等，全面提升了系统的抗干扰能力，制导站整个指令和运算系统全面计算机化，采用了厘米波的202相控阵

雷达，以及集中指挥控制的大屏幕图形化操作台，大大提高了系统的精确性、反应速度和可操作性，使得系统可对付低空高速目标，尤其可抗击反辐射导弹。

为中华人民共和国站岗几十年的红旗 2 型地空导弹，是中国空军防空作战的绝对主力之一。虽然现在红旗 2 型导弹陆续被红旗 -12 型和最新的红旗 -22 型导弹系统所代替，但历史不会忘记，人民不会忘记，在共和国最危险的时候，红旗 2 型地空导弹和空军指战员一起，拼尽全力保卫祖国天空的时刻！

云端护甲——飞行员的防护装备

文 / 杜东冬　绘图 / 黄金

　　自飞机投入战争以来，飞行员就面临着高温、严寒、急剧加速或减速、高噪声、眩光等极端飞行环境的考验。随着现代战机飞行速度、高度和航程的增加，为最大限度保障飞行员安全，同时提高飞行人机工效，科学家设计了从头到脚的飞行员个体防护装备，就像古代将士的铠甲一样将其保护起来。今天，就让我们来认识一下这些炫酷装备吧！

飞行员的防护装备示意图

保护头盔

保护头盔主要由防护外壳、滤光镜、硬衬垫、通信系统（耳机、送话器）、与面罩的连接装置、自动下放机构等组成。其主要作用是防止飞行员在应急弹射离机时被碎块玻璃划伤，以及在起飞与着陆，在空中做俯冲、拉起、转弯、弧线飞行等大机动动作发生振荡而碰到座舱内坚硬物体时分散碰撞能量，同时抵御尖锐物体穿透。

头盔的硬衬垫一般由硬质聚氨酯发泡塑料构成，靠变形来吸收碰撞能量。内置的滤光镜平时用于吸收太阳光或探照灯光的眩光，在应急弹射时防止眼睛被高速气流吹伤，在密闭时通过对镜片加热消除呼吸时产生的雾气，以免影响视线。

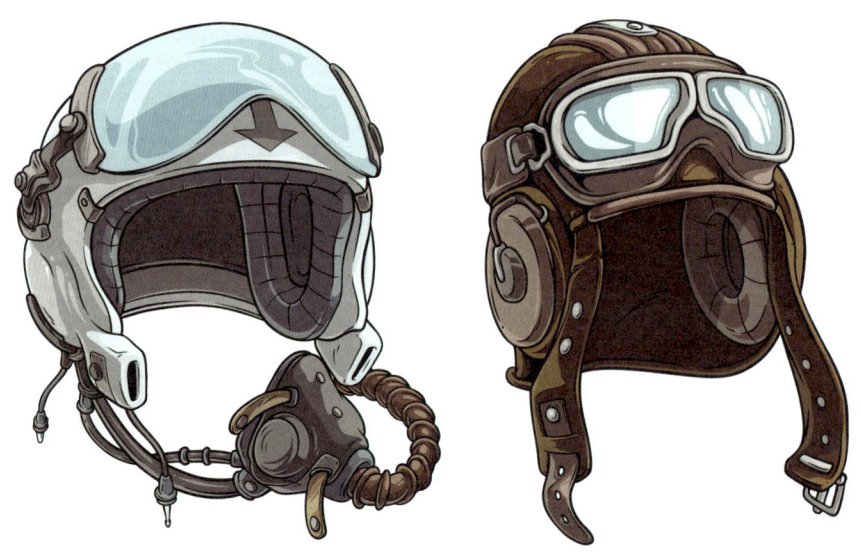

·新（左）旧（右）飞行头盔对比示意图

降噪耳机也是头盔的重要内置部件。经测量，飞行时战机座舱内噪声级在93~122分贝。处于这种噪声环境中，会造成人的听觉敏感度暂时或持久地下降，严重时会立即引发噪声性耳聋。此外，高强度噪声还会干扰飞行员对听觉信号的辨识和捕获，降低操作工效。为此，现代战机的保护头盔中普遍内置了降噪耳机。

飞行员的头盔

自动下放机构是头盔内置的一个特殊装置，主要在座舱发生泄漏或应急弹射离机后立刻自动下放闭合，并与代偿服、抗荷服形成一个应急密闭保护系统，对飞行员实施保护并供氧。

现在，飞行员头盔在不断提高保护功能、减轻重量、提高舒适性的同时，还增加了许多综合性功能，例如：增加夜视镜，提高夜间袭击目标的能力；增设瞄准具，使头盔与火力控制有了直接联系；在护目镜表面加上特殊物质涂层，使其具有防激光、防核闪光等特殊武器的功能。所有这一切，都使头盔成为战斗装备的一部分，极大提升了战机作战能力。

供氧面罩

大气压随高度的增加而下降，致使氧气分压也降低，可导致人体组织缺氧。高空缺氧会导致人体麻痹、眩晕、意识丧失甚至死亡。

第一次世界大战末，主要交战国的飞机已装有简单的连续式供氧系统，德国于1933年最先研制成功断接式供氧调节器。现代战机的供氧系统包括供氧面罩（或密闭头盔）、代偿服、代偿背心以及氧源、减压器、氧气调节器等。

供氧面罩主要由面罩主体、呼吸气活门、连接机构等组成。当人吸气时，吸气活门打开、呼气活门关闭；呼气时，靠呼出气压关闭吸气活门，呼气活门打开，实现呼、吸气循环。加压呼气时给呼气活门抗压，使面罩内压力高于外界压力，实现加压供氧。当出现紧急情况、飞行员弹射离机时，供氧渠道立即由机上设备自动转换到独立的跳伞氧气设备。

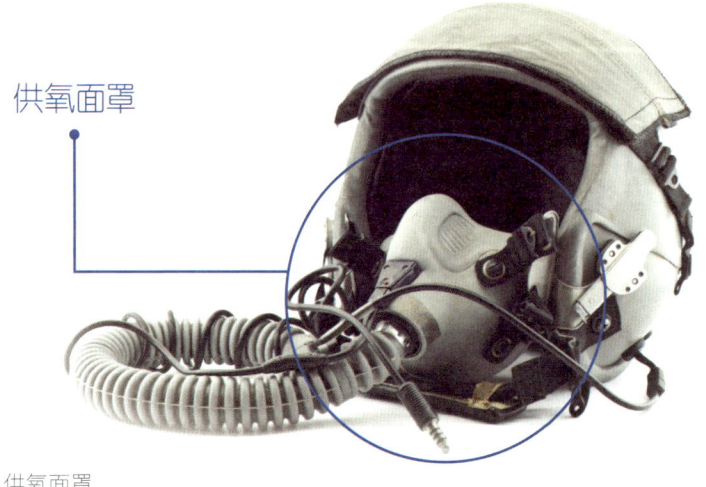

·供氧面罩

代偿服

执行高空飞行任务时，飞行员会面临低气压和爆发性高空缺氧等威胁。在上述加压供氧的同时也不能忽视另外一个问题，即此时肺内压力高于外界压力，这就需要在人体表面施加一个与面罩余压相等的压力，这种加压方法即代偿。为此，飞行员需要穿上由不透气的棉或化纤织物材料制成的高空密闭飞行服，去掉头盔的高空密闭飞行服也称为代偿服。

代偿服上有管状胶皮气囊，当气压下降时，管状胶皮气囊充气，气囊体积增大，拉紧代偿服，以同人体肺内余压相等的反压力从各方面压紧飞行员身体，防止高空气压差对其造成损伤和提高其承受正向过载能力。这相当于把人体与周围空间完全隔绝开，在飞行员的周围造了一座"微型加压舱"，处在这个密闭空间时，能保障人体正常的生命活动能力。

抗荷服

飞机在进行转弯、盘旋、曲线飞行等机动动作时会产生各种加速度，作用在飞行员身上，会产生与加速度相反的作用力，这种作用力可使人体重量增加，称为过载，其大小用 g 表示。

过载会引起人体血液分布改变和内脏位移，大量的过载会对人体器官造成伤害，导致心脏和头部缺血、动静脉血压显著降低、视觉中枢神经系统和呼吸系统障碍。这不仅伤害飞行员身体，还会引发飞行事故，甚至造成飞行员死亡。

现代战机的正向过载已高达 $9g$。人体的基础耐力只有 2.5~$3.5g$，其余的 5.5~$6.5g$ 过载，就要靠综合抗荷措施来抵御，其中抗荷系统至关重要。

抗荷系统主要由抗荷调压器、过滤器、抗荷服等组成。抗荷调压器能根据机动过载的大小，自动调节输入抗荷服荷囊中的空气压力。过滤器主要是清除空气中的油气和机械杂质，保证进入调压

·抗荷服

器的空气是清洁的。抗荷服由抗荷服裤面及抗荷囊组件等组成，在正过载（负过载因飞机的限定出现的可能性不大）发生时，对人体腹部及下肢体表加压，发挥抗荷作用。密闭头盔和抗荷系统的有效工作，能保障飞行员头脑清醒，有效提升战斗力。

通风服

现代战机飞行过程中,座舱环境会产生大量热负荷,导致夏季座舱内部温度经常保持在35摄氏度以上,甚至可能达到50摄氏度。飞行员长时间处于高温环境中,会引发体温上升、心率加快、汗腺活动增强等一系列生理反应,脑功能明显降低,进而导致飞行能力下降。而当飞行高度接近大气同温层、座舱失去气密时,飞行员又可能面临低温的威胁,引发四肢灵活性降低、人体局部乃至全身性寒战,从而导致操作能力及作业效率的下降。

为了保障飞行员的体温正常,科学家发明了通风服。通风服的原理是通过蒸发降温和对流控温等方式,把温度适宜的空气引入,并均布于人体,形成舒适的微小气候条件,以此保障在所有飞行状态下,飞行员的身体均免受过冷和过热的环境影响。通风服可以单独穿用,也可以穿在代偿服和抗荷裤里面。

现代战机是一个完整的"人—机—环境"系统,飞行员是系统的核心和主导者。随着科技的进步,飞行员个体防护装备将会不断更新,以持续提升安全性和战斗力。